Bróga Johnny Thomáis

Jackie Mac Donncha

Cló Iar-Chonnacht
Indreabhán
Conamara

An chéad chló 2012

© Cló Iar-Chonnacht 2012

ISBN 978-1-909367-65-4

Dearadh: Deirdre Ní Thuathail
Dearadh clúdaigh: Outburst Design

Foras na Gaeilge

Tá Cló Iar-Chonnacht buíoch de Fhoras na Gaeilge
as tacaíocht airgeadais a chur ar fáil.

Faigheann Cló Iar-Chonnacht cabhair airgid
ón gComhairle Ealaíon.

Clóchur: Cló Iar-Chonnacht, Indreabhán, Co. na Gaillimhe.
Teil: 091-593307 **Facs:** 091-593362 **r-phost:** eolas@cic.ie
Priontáil: Castle Print, Gaillimh.

Bróga Johnny Thomáis

do mo mhuintir

Clár

Bróga Johnny Thomáis

"Tá an oiread snas ar mo lámha is atá ar na bróga."
An lá caite aige ag iarraidh slacht a chur orthu le píosa de cheirt atá anois chomh dubh le gual ceártan.

Tá an ball deireanach dá chríochnú aige agus é ag cur i gcuimhne dó fhéin gurb eo an ball a chuirfeas an sméar mhullaigh air.

Buailtear cnag beag ar an doras.

Níl an doras ar 88b Albert Road, níl sé thar mholadh beirte.

Tá a fhios ag Johnny nach gá dó corraí. Aithníonn sé an cnag sin. An cnag céanna leis an rithim chéanna atá sé a chloisteáil le beagnach bliain go leith.

"*Your dinner, Pat*," a deireann sí.

"*Thank you, Mrs Woods*," a fhreagraíonn Johnny.

"*Why don't you call me Imelda, Pat?*"

An cheist chéanna le beagnach bliain go leith.

Why do you call me Pat, when you know damn well my name is Johnny? a deireann sé ina intinn fhéin.

"*I will, Mrs Woods. I will.*"

Fágann sí pláta agus páipéar nuachta ar an mbord in aice le Johnny. Tógann léi an pláta folamh.

Tugann sé faoi deara an stad beag ina cuid siúil ar a bealach i dtreo an dorais. Gan a cheann a chrochadh tá a fhios aige go bhfuil sí ag breathnú go fiosrach ar an bpluid sa gcúinne. Tá a fhios aige freisin an cheist atá ar ghob a béil. Ceist atá sí a chur le cúpla seachtain anois.

"*Does your friend ever get up, Pat?*"

Fios aige go maith go bhfuil sí dá beophianadh. Iontas air scaití nach dtéann sí anonn agus an phluid a chrochadh. Ansin bheadh údar biadáin aici.

"*No, Mrs Woods. He never gets up.*"

"*He should go out, now and again. It's bad for him to be cooped up like that, you know.*"

"*I know, Mrs Woods. He should go out.*"

Tarraingíonn sí an doras ina diaidh go dána.

"Tá pian i do thóin go bhfeice tú cé atá faoin bpluid, sin é an fáth a bhfuil fonn ort an doras a bhaint de na hinsí le gairid."

Breathnaíonn sé ar an mbróg atá ina láimh. Casann sé thart í nó go mbíonn grian scéiniúil an tráthnóna ag breith uirthi tríd an bhfuinneog.

"Tá loinnir inti seo."

É ag iompú na bróige agus dá scrúdú ó chuile thaobh.

"Tá sé chomh maith dom bualadh faoin mbróg eile anois."

Éiríonn sé agus déanann a bhealach anonn chuig an bpluid, ag tarraingt a chois dheas ina dhiaidh. Fágann an bhróg shnasaithe ar an urlár le taobh na pluide, ag caint faoina anáil ag an am céanna.

"Anois, déanfaidh mé an bhróg eile. Beidh tú chomh gléasta leo uilig nuair a bheas mé réidh, fan go bhfeicfidh tú."

Feoil mhionaithe, glasraí agus fataí. Ní thógann sé i bhfad ar Johnny an pláta a ghlanadh.

Tugann stracfhéachaint ar an bpáipéar atá ar an mbord. Páipéar an lae roimhe sin, mar is iondúil.

"Á, bhuel, turcaí amáireach, a Johnny. Agus cuid de turcaí na bliana anuraidh i bhfostú idir mo chuid fiacla fós."

Tógann an dara bróg ina láimh, agus tosaíonn ag cuimilt leis an gceirt aríst.

Tá an bhróg seo ag caitheamh go leataobhach, mar atá an ceann eile. Ach bróg seo na cois deise i bhfad níos caite. Thóg an bhróg eile píosa de lá air. Thógfadh an ceann seo an fhad céanna, ach níl tada eile ar a aire anois.

"Níl a fhios agam céard a dhéanfas mé nuair a bheas an dara bróg críochnaithe agam."

Choinnigh a raibh déanta aige ag imeacht ar feadh dhá bhliain é. Ó stop sé den obair.

An t-ádh dearg air go raibh seans aige oibriú nó go raibh sé seachtó dó. Agus murach gur thosaigh na cosa ag crapadh, bheadh sé ag obair fós.

Ar ndóigh, ní raibh a fhios acu cén aois a bhí sé. É i gcónaí deich mbliana níos óige, mar dhea.

Nárbh é a changail an ordóg nuair a thosaigh sé ag tabhairt corr-rud abhaile leis ón obair sna blianta deireanacha. Céard a dhéanfadh sé anois dá n-uireasa? Píosaí adhmaid anois is aríst. Corrthairne, sábh, siséil agus uirlisí beaga eile.

Bhí sé in aiféala nár thosaigh ar an tsoipínteacht roimhe sin. Chuile cheird aige, ach gan ceird ar bith aige.

Chaith an éadáil an t-am go maith dó. É dlite dhó.

Daoine a raibh aithne aige orthu dá dhéanamh ar feadh a saoil.

Ach bhí a dhóthain aige. Céard eile a bheadh ag teastáil uaidh?

Níorbh ionann is duine a mbeadh uacht le fágáil ina dhiaidh aige. Bhí a fhios aige nach mbeadh aon duine ag iomrascáil faoi a mbeadh le fágáil ina dhiaidh aige fhéin. An t-aon duine clainne a bhí ag Tomás Sheáinín. Le gairid cuimhníonn sé go minic ar an maidin sin ar imigh sé le Joe Phatsy, a bhí ar a bhealach ar ais go Sasana.

Ag teacht anuas as an seomra agus seanchása beag ina láimh aige.

Ní raibh a athair sa teach. Taobh amuigh sa ngarraí, ag plé le beithígh nó rud eicínt mar sin.

Ní raibh Johnny ag iarraidh casadh lena athair. Gan fios aige go raibh a mhac ag fágáil an bhaile an lá sin.

Bhí a fhios ag Johnny nach dtaobhódh sé an teach aríst. Ní raibh sé ag iarraidh an maistín d'athair a bhí aige a fheiceáil aríst go brách.

Buaileann díocas é, é ag cuimilt na bróige go crua agus go tréan.

Mar a bheadh sé ag iarraidh rud eicínt a ghlanadh amach.

Bheadh duine eicínt ag baint leasa as an ngabháltas talún anois.

Is cuma leis. Ní leagfaidh seisean cois san áit.

Buaileann trálach ina láimh é. É ag breathnú ar a chuid méaracha, atá ag tosaí ag dúnadh dá bhuíochas le gairid. An cruth atá anois orthu, mar a bheidís i ngreim sa spáidín fós. Marcanna orthu nach bhfuil ag cneasú. Na hingne scoilte.

Breathnaíonn sé thart ar an seomra beag. Níl luach puint idir na ballaí.

Théis a ndearna sé de thochailt agus de chartadh. An t-allas a chuir sé, agus an fuacht nimhneach, le beagnach trí scór bliain.

Gan faic aige anois dá bharr. A shaol caite aige ag maoiniú daoine eile. Ach tá sé an-bhródúil as an mbord breá atá i lár an urláir. Bord nua, déanta lena lámha fhéin.

Leanann Johnny gnáthchúrsaí an lae. Tógann an buidéal as an seanchófra sa gcúinne. Tá an buidéal leathlán. A dhóthain don lá seo. Nuair atá an buidéal folamh tagann an mearbhall. Cloiseann sé glórtha ar an raidió atá leagtha ar an mbord beag le taobh an dorais. Cromann sé a cheann go leataobh, mar a bheadh éinín a bheadh ina sheasamh ar chraobh, agus bioraíonn na cluasa. Aithníonn sé na glórtha ar an bpointe. A chomharsana béal dorais atá ann. Iad ag sioscadh leo, ag caint air, gan náire ná scáth.

"*Look at him now. His life over, and he hasn't got a penny to his name.*" Glór fir.

"*They say he never paid any taxes,*" arsa glór eile. Mr Bates. Aithníonn sé glór Mr Bates.

"*They were all like that, poor bastards. Never thought about the future. I wonder why he never took a wife?*"

"*They should've been kicked out of the country. No use at all now. Kick them out, I say.*"

Bhí aimhreas i gcónaí air faoi Bhates.

Thug sé faoi deara le gairid é. A shrón ramhar brúite in aghaidh phána na fuinneoige chuile mhaidin, ag breathnú isteach.

Má bhí sé ag faire ar na bróga, bheadh faire fada air. Choinneodh eisean súil ar a chuid bróga.

Breathnaíonn Johnny le hiontas ar an mbróg atá ina

láimh. Scaoileann sé uaidh ar an urlár í. Ansin piocann suas go sciobtha í agus tosaíonn dá cuimilt go deifreach.

Cuireann sé as go mór dó nuair a bhíonn siad ag caint faoi.

"*I can't understand why they don't go home when they're old. No good to anybody.*"

Ceapann sé gurb é glór Mrs Woods atá ann.

"Ach ní bheadh Mrs Woods ag caint orm. Nach dtugann sí dinnéar isteach chugam chuile lá. Ní bheadh Mrs Woods ag cúlchaint orm, dá dhonacht í.

"Na collachaí sa teach thall atá ag caint. Iad fhéin ar cuairt chuig a chéile is dóigh. Gan tada eile ar a n-aire ach ag caint ormsa."

Tosaíonn Paul Robeson ag casadh "Old Man River" ar an raidió. Dúnann sé sin a mbéal.

"Ní raibh ceachtar acu chomh maith le Paul Robeson. Agus ní bheidh. Cuirfidh mé geall nach mbeidh siad ag caint ar Phaul Robeson. Baol an diabhail orthu. Ach an *poor bastard* seo. Marbhfháisc orthu, chuile dhiabhal duine acu."

Crochann sé an bhróg atá ina láimh. Fanann sé go mbuailfidh an ghrian í.

Ach nuair a bhreathnaíonn sé i dtreo na fuinneoige, feiceann sé go bhfuil an dorchadas ag titim ar Albert Road.

Déanann sé a bhealach i dtreo na fuinneoige, ag tarraingt a chois ina dhiaidh.

Tarraingíonn na soilse sí a aird ar feadh tamaill.

Sa gclapsholas feiceann sé a athair ag rith thart i leathchiorcal ag bualadh ar chuile dhoras. Níl d'éadach air ach léine fhada bán.

Tá a athair ag glaoch amach in aird a chinn.

"Cá'il tú, a Johnny? Labhair liom, a Johnny. Tá aiféala

orm. Tá aiféala orm. Tá áit anois ann, a Johnny. D'oibrigh mé go crua. Ó dhubh go dubh. Tá gabháltas breá ag fanacht leat, a Johnny. Tá mise ag fanacht leat. Cén fáth nach dtagann tú abhaile?"

Déanann Johnny iarracht an fhuinneog a chrochadh, ach tá sí fáiscthe ag an aimsir.

Íslíonn sé síos é fhéin ar a ghogaide agus cuireann a lámha ar a chluasa.

Hang down your head, Tom Dooley,
Hang down your head and cry,
Hang down your head, Tom Dooley,
Poor boy, you're bound to die.
By this time tomorrow . . .

Níl ar a chumas na glórtha a dhíbirt.

"*Get up, Paddy. Get up off your arse and finish digging that trench.*"

Éiríonn Johnny de gheit ón urlár nuair a chloiseann sé an glór údarásach.

"*Yes, Mr Lowry. I'll finish it. Don't worry, Mr Lowry.*"

Tarraingíonn Johnny anonn chuig an mbord é fhéin. Tá an bhróg ina láimh aige, é ag cuimilt níos fíochmhaire ná ariamh.

"*I'll finish it, Mr Lowry. I'll finish it. Did I ever let you down, Mr Lowry? Don't I always finish it?*"

Cloiseann sé Mrs Woods ag canadh amhrán leis na Beatles ar an raidió.

"Beidh tú chomh gléasta leo uilig nuair a bheas mise réidh."

"*I'll finish it, Mr Lowry. You just wait and see. I'll finish it.*"

Cuireann sé cluas le héisteacht air fhéin aríst. Tá ciúineas sa seomra anois.

Airíonn sé mar a bheadh a chloigeann róthrom dá cholainn. Leagann a leiceann síos ar an mbord agus ligeann néal thairis.

Nuair atá an troimse caite aige, osclaíonn sé leathshúil. Is é an pláta an chéad rud a fheiceann sé.

Tarraingíonn sé chuige é, go n-íosfaidh sé a dhinnéar, ach feiceann sé go bhfuil an pláta folamh.

"Cén treall atá orm? Nár ith mé cheana é."

Éiríonn sé ón mbord, é dá strachailt fhéin, ar nós an phortáin, i dtreo áit na tine. An bhróg faoina ascaill.

Tógann sé scáthán beag ciorclach anuas ón matal, agus cuireann suas ag a aghaidh é.

Tá a éadan tanaí méadaithe faoi thrí sa scáthán scoilte.

"Níl liobar ort, a Johnny," ar sé leis an bhfear sa scáthán. Fear iarmhair a chine i gCamden Town. "Níl fágtha ach cúpla tráithnín suarach."

Cuimlíonn a mhéar anuas fad na claise atá ag síneadh ó bhun a chluaise go dtí taobh a bhéil. Is fuath leis an strainc. Dá bhuíochas fanann bun féasóige sa gclais i gconaí.

Cuireann an scoilt sa scáthán an scor as a riocht. É mar a bheadh dhá bhéal air.

Tá an chuimhne ansin go cruinn beacht ar an oíche taobh amuigh den Bhuffalo. An oíche ar fhág sé fear Ros Comáin ar leathshúil.

Ba é Larry Cunningham a bhí ag casadh istigh. An banna ceoil ar an stáitse ag luascadh le rithim an cheoil.

Gach a raibh sa halla go meidhreach, ag luascadh leis an mbanna. Eisean ag luascadh leo.

Ní cuimhin leis ar chor ar bith cé a bhuail in aghaidh cé.

Ach tá a fhios aige go bhfuair an bheirt iad féin ar an tsráid.

"Mhill sé mo chulaith an oíche sin, an bastard."

Tógann sé seanphictiúr cluasach anuas ón matal. Cúigear fear óg atá sa bpictiúr. Iad ar fad gléasta go faiseanta, le culaith, léine gheal agus carbhat. A gcuid lámha thart ar a chéile. Chuile aghaidh go gealgháireach ag breathnú amach air. A aghaidh fhéin ar cheann acu.

"Cé a chreidfeadh anois go raibh tú óg agus dathúil tráth, a Johnny."

Cuimhníonn sé go maith ar an lá sin ar an Edgeware Road. Gan ceachtar acu i bhfad sa tír ag an am. A gcroí éadrom. An spiorad saor. Iad chomh bródúil le aon duine dá raibh ag siúl na sráide sin an lá sin.

Ní cuimhin leis an bhrionglóid a bhí acu ag an am.

"Chaithfeadh go raibh brionglóidí eicínt againn?

"Meas tú cén fáth a mbíonn fonn gáirí ar dhaoine i bpictiúirí? Nó cén fáth a n-iarrtar orthu gáirí a dhéanamh ar mhaithe le pictiúr?

" 'The camera never lies,' a deireadh an bhean sa gcaifé linn. 'Only the people in the picture.'

"B'fhíor di.

"Ba linn Camden Town uilig an t-am sin, a leaids. B'fhéidir gur chreid muid go mbeadh sé ina shamhradh i gcónaí?

"B'fhéidir gurbh in é an fáth go raibh muid uilig ag gáirí. Faraor níor mhair an séasúr sin i bhfad.

"Ní raibh tusa an dá scór fhéin, a Réamoinn.

"Ba bhreá an dá láimh a bhí ortsa, a Joe. Nárbh é an peaca gur fhág tú ceann acu sa tollán nua.

a, a Tom. Ó, a Tom. Is gan mé ach seacht
....aga taobh thiar díot.

"Rinne muid ár seacht míle dícheall, a Tom. Ach bhí
muid rómhall. Rómhall.

"Tom, a raibh an oiread dúil sa salann agat is go
gcaithfeá chuile shórt a bhaisteadh go maith leis ar dtús.
Agus a liachtaí uair a dúirt tú linn nach bhféadfá bás a fháil
go brách, mura mbeadh salann air!

"Agus tá tusa i do luí ar bhinse in áit eicínt anocht, a
Danny, nó pé ainm a thugann tú ort fhéin anois. Nach ort
a bhí an mí-ádh. Agus ba agat a bhí an pheannaireacht ba
néata dá bhfaca aon duine ariamh. Na pictiúirí áilne a
bhíodh tú a tharraingt ag am tae . . . feicim fós iad, nuair a
dhúnaim mo shúile san oíche. Agus na litreacha a bhíteá ag
scríobh abhaile do na fir eile. An tsamhlaíocht a bhí agat.
An chruthaitheacht.

"An lá fadó a ndeachaigh muid uilig go Brighton ar an
traein, le go bhfeicfeadh muid na mná sínte ar an trá.

"Sheas tú ar an gcéibh an lá sin, a Danny, i do Mhaois,
do dhá láimh sínte amach agat, ag ordú don taoille
scoilteadh.

"Dúirt tú go siúlfadh muid go dtí an Fhrainc, agus go
mbeadh lón againn i bPáras tráthnóna. Agus nuair nár thug
an taoille aon aird ort, dúirt tú gur de bharr nár thuig sí do
theanga dhúchais. Go gcaithfeá Béarla agus Fraincis a
bheith de ghlanmheabhair agat ar an gcéad turas eile.

"Ní raibh do leithéid eile ar an saol seo, a Danny.

"Scríobh tú ár n-ainm sa ngaineamh.

"Chum tú agus chas tú an t-amhrán ar an mbealach ar
ais dúinn ar an traein:

"Scríobh mé ár n-ainm sa ngaineamh
Ach tháinig an taoille, mo léan,
Gur sciob sí na focla chun bealaigh,
A d'fhág blas an tsáile ar mo bhéal."

Leagann Johnny uaidh an pictiúr.

Tá cúpla canda aráin ar an gcuntar beag le taobh an tsoirn gáis, a gcuid coirnéil san aer mar a bheidís ar tí eitilt leo as an áit.

Ní bhacann sé leo, ach déanann tae.

Fágann an muigín ar an mbord agus leanann air ag obair ar an mbróg.

Tá a shúile dírithe ar an mballa thall ach níl sé ag breathnú ar thada.

A lámh ag cuimilt anonn is anall ar an mbróg i ngan fhios dó fhéin.

Ba é an t-éadan sa scáthán a chuir ag cuimhniú é. Agus ansin an pictiúr.

Is aisteach nach cuimhin leis an uair dheireanach a ndearna sé gáirí. Le gairid is cuimhin leis gach ar tharla dó ina óige. Rudaí a cheap sé nach raibh ina intinn ar chor ar bith.

"Níl a fhios agam cá raibh na smaointe sin leis na cianta. Nó cá dtéann smaointe? An mbíonn siad i dtaisce in áit eicínt sa gcloigeann nó go mbeidh siad ag teastáil ó dhuine? An mbriseann siad amach nuair a bhíonn an iomarca acu in éineacht? Níl a fhios agam an dtarraingíonn smaointe maithe agus drochsmaointe le chéile?

"Ach meas tú cá dtéann smaointe nuair a fhaigheann duine bás? An bhfaigheann na smaointe bás freisin ag an nóiméad céanna? Scaití tagann smaointe nach mbíonn graithe ar bith agam dóibh. Go mb'fhearr liom uaim uilig iad.

"B'fhéidir gur ar ghualainn duine a bhíonn siad, mar a bhíodh an t-aingeal coimhdeachta a bhíodh i gceist acu ar scoil. Tá a fhios agam go dtug m'aingeal fhéin an bád abhaile air féin fadó an lá.

"Dá mbeadh a leithéid ann, agus é liom fós, ar ndóigh ní anseo a bheinn anois, ag cur trálach i mo láimh ag cuimilt seanbhróga caite nach gcuirfeadh bacach ar a chosa.

"Chaithfeadh sé go ndearna mé gáirí ag am eicínt i rith mo shaoil. Ach ní cuimhin liom má rinne. Cé is moite den lá sin ar an Edgeware Road.

"Ach an raibh muid ag gáirí dhúinn fhéin, nó don cheamara? Níl a fhios agam. Agus nach cuma anois.

"Tá a fhios agam nach raibh aon údar gáirí ar an teallach sa mbaile. Ní cuimhin liom aon gháire a chloisteáil ann. Cé is moite den am a mbíodh mo mháthair ag iarraidh mé fhéin a chur ag gáirí.

"Nach gceapfá go mbeadh an gol agus an gáirí ar aon mheáchan lena chéile. Cén fáth go dtagann an brón agus an gol agus an t-uaigneas gan chuireadh, agus nach dtagann an gáirí gan iarracht?

"Ach cheap an saol go mbíodh mise ag gáirí i gcónaí.

"A bhuíochas sin d'fhear Ros Comáin.

"Deireann daoine nach bhfuil brón ná buairt ar an gcéad saol eile, ach gáirí. Nach aisteach an saol é sin. Nach mbeadh sé an-aisteach mise agus m'athair a bheith in éineacht ar an gcéad saol eile. Agus muid ag gáirí!

"Níl mé cinnte go mbeinn sásta ann, fiú dá mbeadh a leithéid d'áit ann. Nach mba ifreann ceart a bheadh ann.

"Agus cén ghraithe a bheadh ag Tom bocht ar shaol eile?

"'*There is no afterlife. It's all nonsense,*' a deireadh fear an Chlocháin linn fadó sa Horse and Hound. '*You die, you go into the ground, and that's it.*'

"'*Of course there is an afterlife,*' a deireadh fear Abbeyfeale. '*Why else would they put nameplates on coffins?*'"

Tá sé amach go domhain san oíche nuair a stadann Johnny den obair atá ar siúl aige. Cuireann an bhróg leis an mbróg eile.

Tógann leis an phluid.

"Anois beidh tú gléasta go hiomlán, ó bhun go barr, nach mbeidh?

"Culaith nua, léine bhán, carbhat agus péire bróg.

"Agus diabhal pláta a ghabhfas ort."

Téann sé anonn chuig an seantolg, tugann tarraingt bheag dó as a íochtar, agus tá a leaba aige.

Tógann an phluid, agus scarann ar an leaba í. Casann sé air an solas beag le taobh na leapan.

Dúisíonn sé am eicínt amach san oíche. Cuireann sé iontas air go bhfuil a éadan fliuch. Bhí brionglóid aige, ach tá dearmad déanta aige ar céard a bhí ag tarlú.

Breathnaíonn anonn ar a chuid oibre, atá nochtaithe taobh leis.

Gan choinne tagann scáth a mháthar agus an bhaile chuige.

É i ngabháil mná, ag breathnú ar chorp a mháthar. An dath báiníneach a bhí ar chlár a héadain agus ar a lámha. A cuid súile dúnta go daingean. Í chomh ciúin, chomh socair.

É ag iarraidh éalú as gabháil na mná agus dul isteach sa mbosca lena mháthair.

An ruaille buaille sa seomra: daoine ag cur foighid ann.

An uaill scanrúil a chuir a athair as nuair a d'fhiafraigh sé cé a ghortaigh Mama.

Ina luí sa bhféar fada ina dhiaidh sin. Bláthanna fiáine ag fás go treallúsach tríd. An boladh breá ón bhféar nuaghearrtha sa ngarraí eile. A chroí le cloisteáil aige, ag bualadh go hard agus go sciobtha ina chliabhrach.

É in éad le féileacán a bhí ag léimneacht ó dhias go dias os a chomhair. Nárbh aoibhinn a bheith saor, cosúil leis an bhféileacán sin.

Bhíodh a mháthair ag casadh amhrán beag dó agus é ina gabháil:

Dá mbeadh sé inár gcinniúint
Nárbh fhéidir linn a chéile a fháil,
Bíodh tusa i do choinneal,
Is beidh mise i m'fhéileacán.

Nárbh aoibhinn bheith in ann áit a mhalartú leis an bhfeithide gleoite sin. Ag imeacht leis pé áit ba mhian leis. Sciatháin mhóra daite scartha amach: saor.

Nó dá mbeadh sé fhéin ina choinneal.

Chuimhnigh sé go mb'fhéidir go mba í an féileacán a mháthair.

Ach ní fhéadfadh sí, mar bhí a mháthair sa mbosca adhmaid sin.

Dá bhféadfadh sé, d'fhanfadh sé sa bhféar fada, i bhfolach ón saol a raibh geampa bainte as anois.

An ghráin a bhí aige ar na fir ina dhiaidh sin, nuair a

chuir siad an bosca a raibh a mháthair ann síos i bpoll sa talamh, agus líon siad an poll le créafóg.

Bhí fuath aige don chréafóg féin ar feadh blianta ina dhiaidh sin.

Bhí a fhios aige nach mbeadh aige ach píosa dá shaol, ón lá sin ar cuireadh a mháthair sa bpoll.

An cúinne beag san áit a dtáinig an dá chlaí le chéile. An áit ina mbíodh sé i bhfolach óna athair. É ag impí ar a athair díon a chur ar an gcúinne. Agus doras beag a d'fheilfeadh dó fhéin amháin.

Ach gan de chuibheas ina athair.

An iarracht mhístuama a rinne sé fhéin díon a chur air le cúpla píosa adhmaid.

An cuthach a bhí ar a athair dá leagan. An dorn ar a leiceann, ag rá leis ciall a bheith aige ar nós gasúir eile.

"Tá ciall anois agam. Mo chúinne beag fhéin cóirithe agam. Agus díon air.

"Dá mbeadh fios agam go raibh mo thráth ag teacht, ghléasfainn mé fhéin sa gculaith nua, an léine gheal, an carbhat.

"Agus na bróga.

"Shínfinn siar ann. D'fhéadfainn, fiú, an díon a shocrú os mo chionn.

"Tá brath orm '*Johnny*' a scríobh air, le biorán ar Mrs Woods."

Agus chuile shórt réidh, airíonn sé mar a bheadh bradán sáinnithe in abhainn, an nádúr fiáin ag cur in iúl dó nach féidir a dhul ar ais chun na farraige.

Farraige atá anois chomh fada ó bhaile leis an ngealach.

Tarraingíonn sé an phluid thart air fhéin go dlúth agus suas faoina smig.

Is faisean leis luí ar an taobh dá éadan a bhíonn ag gáirí i gcónaí.

Dúnann a shúile.

Ina chloigeann cloiseann sé aríst an torann briosc a rinne blaosc Tom an lá ar dhún an trinse isteach air.

An Peaca

Tá siad ag rá go bhfuil tú ar leaba an bháis, a Mhuirne. Nach leat an leaba sin a thuilleadh. Agus cheap tú go mba leat fhéin í, a dhuine bhoicht. Nach tú a d'íoc go daor uirthi an lá úd, fadó. Agus tú a cheapadh gur dhuit fhéin a bhí tú dá ceannacht!

Ar ndóigh níl i leaba ach áit le luí ar do chompord, nuair atá tú ag fágáil an tsaoil.

Ní tusa an chéad duine a raibh an mearbhall céanna air agus é ag ceannacht leaba. Agus ná bíodh buaireamh ort, a Mhuirne, ní tú an duine deireanach!

D'iompófá ar do thaobh agus chaithfeá amach ar an urlár tú fhéin, dá bhféadfá. Le biorán.

Ach tá d'intinn anois ar rud níos bioránaí!

Sea, go díreach. An peaca sin!

An peaca mór sin nach bhfuil a fhios ag aon neach saolta faoi. Ach tú fhéin.

Níor lig tú do rún le aon duine ariamh. Duine beo ná díbheo. Fiú leis an sagart agus é ag cur an ola dheireanach ort.

Agus fios agat go maith nach é am na hola am na haithrí.

An peaca is mó agus is measa dá ndearna duine ariamh sa saol. Peaca a ndearna Dia na Glóire fhéin dearmad ann.

Peaca chomh salach is nár chuir Dia ar an liosta peacaí é. Is dóigh nár bhac sé. Nár cheap sé go ndéanfadh aon duine a leithéid de rud as bealach.

Nár scrúdaigh tú fhéin na peacaí ar fad! Ach ní raibh aon tuairisc ná cur síos ar do pheaca in aon áit! Dá mbeadh a fhios ag daoine saolta eile é? Ó, nach iad a sheachnódh thú, a Mhuirne. Ní shiúlfaidís trí choiscéim na trócaire i do dhiaidh.

Ach, idir thú fhéin agus Dia atá sé. Ní mór duit é a chur díot sula dtaga tú chomh fada le Dia. Beidh tú i bhfad rómhall an t-am sin, a Mhuirne. Aifreannach maith. Fíréanta! Tú ag glacadh comaoineach Domhnach is Dálach mar a bheadh ábhar naoimh ann. Agus iad uilig ag breathnú ort. Ag rá le chéile gur duine le Dia é Muirne. Nach aoibhinn Dia do Mhuirne. Gabhfaidh sé díreach glan go na flaithis.

Tú ag dul thart leis an gciseán chuile Dhomhnach is lá saoire. Ar ndóigh, nuair a chuaigh tú thart le ciseán an aifrinn, ba tú fhéin an duine deireanach a thug síntiús. Agus thug tú go flaithiúil, a Mhuirne. Tú ansin os comhair na haltóra. Do lámh go huillinn, ag spáint don saol go raibh póca domhain agat. Ag ligean ort gur ag cuartú a bhí tú. Nach tú a tharraingíodh aníos an páipéar go healaíonta. Dá dhíriú amach. Ag baint na bhfilltíní as. Dá iarnáil. Dá scrúdú idir thú fhéin agus an solas. An solas álainn a bhí ildaite nuair a thagadh sé tríd an bhfuinneog. Agus as coirnéal do shúl, ainmneacha do mhuintire le feiceáil agat, greanta sa ngloine sin. An torann géar, briosc a bhíodh ag an bpáipéar le cloisteáil thíos i dtóin an tséipéil. Agus iad uilig ag breathnú ort, a Mhuirne. Cineál searmanas beag dhuit fhéin a bhíodh agat. Searmanas na flaithiúlachta.

Agus an bealach cineálta sin a leagtá sa gciseán é! Dá shíneadh amach ó chluais go drioball os cionn an bhruscar beag suarach soinseála a bhíodh ar íochtar an chiseáin. Ó, a Mhuirne, ní raibh duine eile ar an saol seo a bhí chomh ceirdiúil leat. Ag bailiú romhat agus ag cruinniú i do dhiaidh. An ag íoc as an bpeaca a bhíteá an t-am sin, a Mhuirne? Dá íoc ina ghálaí? Agus nuair a thiocfadh do lá le n-imeacht as an saol, go mbeadh na fiacha uilig glanta? Is cuimhin leat airgead an arbhair fadó? Cinnte, is cuimhin. An sagart ag léamh amach na n-ainmneacha as liosta a bhíodh déanta aige. Agus is cuimhin leat cé a bhí in uachtar ar an liosta sin. An chéad ainm as béal an tsagairt. Cinnte, is cuimhin. Do chuid flaithiúlachta le cloisteáil ag an bpobal. Iad chomh buíoch go raibh do leithéid ina measc sa bparóiste. Agus na créatúir nach raibh acu ach pingineacha beaga, thíos ar fad ag an íochtar. Gan seans dá laghad ag na créatúir sin a dhul isteach sna flaithis. B'fhéidir éad ar chuid acu leat, a Mhuirne. Bí cinnte go raibh. Cheap cuid acu siúd gur díreach ag Dia a bhí an t-airgead sin ag dul. Nár cheap tú fhéin é, a dhuine bhoicht, tráth.

Tá iontas agus mearbhall ort, a Mhuirne. Bhí tú chomh maith sin, chomh diaga, chomh flaithiúil. Cheap tú go bhfágfá an saol ar an mbealach céanna is a tháinig tú. Cineál sciorradh beag. Nach mbeadh donacht ná tinneas ort. Gur ar dhaoine eile a bheadh na rudaí sin. Daoine a raibh sé tuillte acu. Daoine a bhíodh thíos i dtóin an tséipéil. Daoine a bhíodh taobh amuigh den doras, nach bhfaca an altóir ariamh. Ag cúlchaint agus ag sciolladh. Daoine a d'fhan chomh fada ó Dhia is a d'fhéad siad. Cuid acu nach leagadh cois ar thalamh an tséipéil, fiú. Daoine a mba

chuma leo ach a bheith le feiceáil ag dul abhaile ón aifreann
leis an slua. Fios maith agatsa cé hiad sin, a Mhuirne. Agus
fios agat go mbeidís sna lasracha ar deireadh.
Cinnte, tá iontas agus mearbhall ort, a Mhuirne. Nach
mbeadh sé ar aon duine beo!
Ach ní le Dia go fóill thú!
Tá tú ag fáil an spáis le d'anam a ghlanadh. Rud nach
bhfuair go leor eile. Ach níl aon rún agat d'anam a
ghlanadh, an bhfuil? Fuair tú an deis. An sagart ag teacht
go minic anois.
Tá an peaca sin trí scór de bhlianta d'aois. Scór níos óige
ná thú fhéin.
Ach tá a fhios agat sin, a Mhuirne. Tú ag síorfhiafraí
díot fhéin an bhfuil an peaca ag dúbailt gach uair dá
gceileann tú é sa bhfaoistin? An bhfuil an peaca san
ainmhéid anois? Ag dúbailt in aghaidh na míosa? An bhfuil
sé ag cur rútaí uaidh le trí scór bliain? Ag fás leis i gcónaí?
Ag tabhairt foscadh do pheacaí eile, nach bhfuil iontu ach
spriosáin lena ais? Agus an raibh aon mhaith in aon
fhaoistin dá ndearna tú agus tú ag ceilt? Nó an imíonn an
dochar as peaca nuair a théann sé in aois?
Nach n-athraíonn chuile rud leis le himeacht aimsire, a
Mhuirne. B'fhéidir an rud a bhí peacúil dhá mhíle bliain ó
shoin, nach bhfuil dochar dá laghad anois ann. Bhí peacaí
nua go maith sna blianta tosaigh, a Mhuirne. Dá dhonacht
é do pheaca, b'fhéidir nach fiú deich dtriúf é sa lá atá inniu
ann.
Tá sé thar am liosta nua peacaí a chur i dtoll a chéile.
Coinneáil suas le peacaí nua-aimseartha.
Nach gceapfá go gcaithfeadh peaca, mar a chaitheann
an chloch sa gcladach? Má chaitheann, tá leat!

Ach, mura gcaitheann . . . ? Tá na ceisteanna do do bhodhrú, nach bhfuil, a Mhuirne? Agus do pheaca níos mó ná leath Chruach Phádraic! Go maithe Dia d'aon duine a bheith ag cur do pheaca i gcomórtas le leath na Cruaiche. Ach tá d'intinn trína chéile. Níl fágtha agat anois ach í. Nach bhfuil an chuid eile dhíot marbh! Ó bhonnaíocha do chos aníos.

Is leis an mbás an chuid sin díot cheana fhéin. Le gairid tá tú ag fiafraí dhíot fhéin an sa gcorp atá an t-anam, nó sa gceann? Má tá do chorp marbh, an bhfuil an t-anam bailithe leis suas i do chloigeann?

An mbíonn an t-anam ag taisteal leis, sa gcolainn, ag greamú de pháirt ar bith atá beo? An i d'intinn atá d'anam anois? Níl áit aige in aon bhall eile! Ní fhanfadh an t-anam in áit nach mbeadh beo, an bhfanfadh? Ach an bhfuil áit i d'intinn do chuile shórt? Agus má tá an t-anam i d'intinn, nach bhfágann sin an peaca i d'intinn. Nach furasta an peaca a admháil anois ná ariamh. É chomh gar sin do do bhéal!

Peaca bréan brocach in áit chomh galánta. Nach mb'fhearr duit dá mbainfí an cloigeann díot anois díreach.

Nó an é ualach an pheaca a chuir an meáchan sin ar do chorp. Nach bhfuil tú in ann corraí anois? Nach féidir leat thú fhéin a chaitheamh amach as leaba an bháis? An bhfuil na péiste ag cur faobhar ar a gcuid sceana cheana fhéin?

Tá fios do labhartha agat go fóill, nach bhfuil? Cúpla focal i gcluais an tsagairt nuair a thiocfas sé aríst. Déanfaidh cogar beag bídeach thú. Chomh fada is go dtuigeann an sagart a bhfuil dá rá agat. Idir sibh a bheas sé. Ní chloisfidh duine ná deoraí eile an chaint.

Ná bíodh faitíos ort. Ní sceithfidh an sagart. Níl cead aige.

Ach, tá tú aimhreasach, a Mhuirne. Go ligfidh an sagart an cat as mála na bpeacaí is tú imithe. Tá imní ort go mbeidh daoine ar an eolas agus tú bailithe leat as an saol seo.

Tá tú ag fiafraí díot fhéin an bhfuil a fhios ag an mbás faoin bpeaca? An bhfuil socrú eicínt idir é agus Dia? Iad i bpáirt b'fhéidir? Ag obair as lámh a chéile? An é sin an fáth go bhfuil d'intinn beo fós? Nach bhfuil tógtha ach cuid díot go fóill? An bhfuil an bás ag fiodmhagadh fút fhéin agus faoin sagart? Ar ndóigh níor cailleadh cheana ariamh thú. Níl a fhios agat an bhfuil cleasaíocht ar siúl idir Dia agus an bás.

Tá imní anois ort go mbeidh na geataí dúnta de bharr an pheaca.

Nár mhór an diabhal a bhí ort agus géilleadh don pheaca an chéad lá ariamh. Agus nach mó an diabhal a bhí ort nár admhaigh do pheaca nuair a bhí sé te bruite. B'in an t-am len é a dhéanamh. Ar nós dealg a bheadh i do mhéar. É a tharraingt amach sula ndéanfadh sé sileadh. Agus fios maith agat ag an am gur drochpheaca a bhí déanta agat!

Ach ní dhearna tú tada, an ndearna, a Mhuirne? D'fhág tú ansin ar bogadh é nó gur chuir sé rútaí uaidh. Ag cur cathú ar pheacaí beaga eile a bhí thart air. Peacaí nach raibh dochar iontu. Ach atá anois mar spallaí faoi, dá choinneáil ina sheasamh agus é ollmhór. B'fhéidir go bhfuil sé chomh mór anois a Mhuirne, is nach mbeadh sé in ann a theacht amach asat ar chor ar bith.

Nó ar cheap tú go bpléascfadh sé? Nó go dtitfeadh sé amach nuair a bheadh sé sách mór? Mar a thiteann sciortán as craiceann gadhair?

Ar cheap tú dá bhfágfá an peaca sách fada go n-imeodh an dochar as? Nó go bhfaigheadh sé tuirseach de bharr a bheith ar an anam céanna chomh fada sin? Bhí saol fada agat, a Mhuirne. Neart ama le d'anam a sciúradh. Nuair a bhí tú óg, cheap tú go mairfeá go brách, nár cheap? Ceapann daoine é sin, a Mhuirne. Ceapann siad go gcaillfear chuile dhuine ach iad féin.

Ó, a Mhuirne bhoicht, nach tú a bhí dímheabhrach. Ach b'fhéidir go bhfuil an peaca sin maite ag Dia dhuit cheana féin. Tá Dia trócaireach, bíodh a fhios agat. Nach dtéiteá ag comaoineach chuile Dhomhnach is lá saoire.

Nach bhféadfá foracan airgid a thabhairt don sagart le aifreann a chur le d'anam chuile lá. Chúiteodh Dia leat é. Dá bhféadfá aifreann ard a fháil, mar a bhíodh fadó, d'íocfá do bhealach isteach chun na bhflaitheas. Isteach díreach, a Mhuirne. Rinne daoine eile é!

Ó, a Mhuirne bhoicht, dá bhféadfá do lámh a chur i do phóca anois!

Ach an mbeadh Dia in ann peaca a mhaitheamh nach raibh ar a liosta oifigiúil féin? Sin ceist anois agat, a Mhuirne. Ceist a chaithfeas tusa a phlé leis an té is airde, má thagann tú chomh fada sin. Cá bhfios nach cnaipe cúil a bheadh ann duit, de bharr nach raibh do pheaca ar an liosta?

Tá an iomarca ceisteanna i d'intinn, a Mhuirne. Cén fáth nach n-admhaíonn tú do pheaca don sagart? Cúpla focal. Sin a mbeidh ann. Beidh d'intinn saor ó cheisteanna, agus d'anam saor ó pheaca! Beidh síocháin agat ansin, a Mhuirne. Beidh tú in ann séalú i d'am féin, ar do shuaimhneas. Ansin tógfaidh an bás thú, agus crochfaidh sé leis in airde thú.

Tá foighid ag an mbás, a Mhuirne. Ní féidir leis a bheith

i chuile áit ag an am céanna. Tá a fhios agat nach bhfuil ann ach an t-aon bhás amháin. É ag obair as fhéin. Agus réimse mór millteach le clúdú aige. Ach, ar ndóigh, ní chuimhníonn aon duine air sin. Má théann rud le anáil duine agus é a thachtadh, ní hé an bás atá ciontach, ach an rud a chuaigh lena anáil.

Ach cé air a dtéann a mhilleán?

Tá a fhios agat é, a Mhuirne.

Déarfaidh siad uilig go raibh an bás air. Nach féidir éalú ón mbás. Nach bhfuil a fhios ag aon duine cén áit a mbéarfaidh an bás air! Go bhfuil an bás siúlach!

An é an bás a scaoil an buama ar Hiroshima agus ar Nagasaki? An é an bás a bhí ag tiomáint an *Titanic*? An é an bás a chuir tús le dhá chogadh domhanda? An é an bás a mharaigh Kennedy? An é an bás a leag na Twin Towers? An é an bás a rinne ionsaí ar an Iaráic? An é an bás a chuir an rópa thart ar mhuineál Saddam Hussein?

Dá gcaillfí an bás, a Mhuirne, geallaim duit go gcaoinfí é!

Murach an bás bheadh chuile dhuine ag ithe a chéile!

Ar ndóigh murach an bás, bheadh an domhan uilig lofa.

Níl an bás ansin ach le haghaidh glanadh suas. Nuair atá do lá caite, a Mhuirne, tógfaidh an bás thú as an mbealach. Cé eile a thógfas thú?

Féach anois thú. Gan beo díot ach d'intinn, ar éigean. Níl aon ghraithe ag aon duine díot. Níl maith do thada ionat. Díol trua thú.

Ach níl aon duine ag teacht chugat le trua dhuit, an bhfuil?

Théis chomh naofa is a bhí tú. Théis chomh stuama, barainneach a bhí tú le airgead.

Déarfaidh siad gur maith an lá dhuit é, an lá a gcaillfear thú. Gurb aoibhinn Dia do Mhuirne. Go bhfuil sé chomh maith céanna. Go bhfuil sé in áit níos fearr. Ach, a Mhuirne a chroí, ní lá maith d'aon duine an lá a gcailltear é! Agus ní bheidh tusa in áit níos fearr. D'fhéadfá a bheith ag siúl an chosáin leo siúd nár thaobhaigh altóir ariamh! Nár chuir lámh ina bpóca ariamh! Mar gheall ar an bpeaca.

Sea, ar ais aríst chuig an bpeaca sin, a Mhuirne. Ní féidir dearmad a dhéanamh air. Tá sé ansin, agus beidh sé ansin. An t-aon rud ariamh a chuir tú ar an méar fhada. Ach tá a fhios agat anois go bhfuil an mhéar fhada i bhfad róghearr! Tá tú ag cuimhniú anois go mb'fhéidir gur caillte atá tú. Go bhfuil an t-anam imithe asat cheana fhéin ó tharla do cholainn a bheith marbh. B'fhéidir nach raibh an t-anam ag iarraidh fanacht leis an gcuid eile dhíot.

Cé gur le do cholainn a rinne tú an peaca sin, ní dhéanfá é gan d'intinn. Is dóigh, mar sin, go bhfuil an t-anam agus an peaca i d'intinn. Ní scaoilfidh sé leat nó go mbeidh tú criogtha.

B'fhéidir gur i do luí ar thralaí atá tú? Agus giúiré in áit eicínt ag déanamh cinneadh maidir leat fhéin agus leis an bpeaca sin?

An ngabhfaidh tú bealach amháin nó bealach eile?

Cloiseann tú an torann sin, a Mhuirne? Tá tú ag ceistniú aríst: An luch atá ann? An é an sagart é? Nó duine de na haltraí? An é an diabhal é? An é do pheaca é, ag iarraidh briseadh amach as d'intinn?

Nó an é an bás é?

Ach ní dhéanann an bás aon torann, a Mhuirne!

Ní bhíonn aon bhróga ar an mbás. Tagann an bás go ciúin, socair, síochánta, múinte, cosnochta. Ní chloistear é. Níl tuilleamaí aige le duine ar bith, fear ná bean.

Tá dhá rogha agat, a Mhuirne: admhaigh do pheaca don sagart nuair a thiocfas sé; nó bailigh leat as an saol seo ar an staid ina bhfuil tú.

Leatsa leagan!

Ach ná fág rófhada é, a Mhuirne. Ní fhanfaidh mise go brách. Le aon duine.

An Lá Deireanach

Bhí sí i ngreim sa tlú, ar tí tabhairt faoin ngríosach, nuair a chuimhnigh sí uirthi fhéin. An seanfhaisean sin a bhí aici nárbh fhéidir a bhriseadh. An chéad rud a dhéanadh sí gach maidin ón gcéad lá ar tháinig sí isteach sa teach seo ina brídeog. Chas sí thart a ceann go haireach, ar fhaitíos go mbeadh sé fhéin ag breathnú uirthi. Bhí doras na sráide ar oscailt, ach ní raibh aon amharc air.

Rinne sí gáirí beag mioscaiseach, mar a dhéanfadh gasúr beag a mbeadh rud eicínt déanta as bealach aici. Nárbh é a chuirfeadh an scairt mhagúil as dá bhfeicfeadh sé í ar tí an tine a fhadú.

Níor leag sí uaithi an tlú, áfach, ach chart an ghríosach. Nuair a chonaic sí an aithinne, agus dath bándearg air, chlaon sí a ceann go críonna. Thug sé sásamh beag eicínt dá croí agus dá hintinn go raibh an dé ansin inniu, mar a bhíodh chuile mhaidin eile. Ach ní raibh an mhaidin seo cosúil le aon mhaidin eile.

Cheana fhéin d'airigh sí uaithi deasghnátha na maidine. An t-achar sin a chaitheadh sí ag púitseáil sa luaith ar thóir na n-aithinneacha. An luaith ag titim tríd an ngráta, nó nach mbíodh fágtha ach an smúrach a bhíodh fuinte go néata aici leis an tlú. Nuair a thagadh an lasair chun beoicht, ba í lárphointe an lae í.

Cnuaigh an méid sin trína hintinn sular leag sí uaithi an tlú.

Bhreathnaigh sí thart, ag baint lán a súl as an gcisteanach, a bhí gleoite inné agus a raibh a lorg fhéin ar chuile orlach de. Ba í an chisteanach a *cenotaph*, seachas aon pháirt eile den teach. Bhí sé in inneach a cuimhne. Fios aici cá raibh chuile rud, fiú dá mbeadh sí dall. Bhí an drisiúr ansin ón gcéad lá. É fhéin a rinne é, sular phósadar. Drisiúr nua nocht, gan folach air. Agus nárbh í a bhain an sásamh as, dá mhaisiú go muirneach, mar a bheadh bean ag gléasadh a hiníne ar lá a pósta. Ag socrú na ngréithe go grámhar. Ag líonadh na mbearnaí thar na blianta, nó go raibh sé mar leacht cuimhneacháin.

Na juganna, na muganna, agus na plátaí móra gorma nár usáid sí ariamh. Ach ar bhealach eicínt, chaithfidís a bheith ann. Ní bád go lán seoil, a deireadh sé fhéin. Agus ní drisiúr gan plátaí móra gorma, a deireadh sí leis. Bhí an drisiúr ansin mar a bheadh ancaire ann. Mar a bheadh sé ag coinneáil an tí ina áit fhéin.

Chuala sí an chasacht phlúchta ag teacht ar an tairseach, agus shiúil sé isteach, canna a raibh braon bainne ann ina láimh aige. Leag sé an canna ar an mbord.

"Níor bhain mé di ach an méid a theastós uainn," ar sé, "blífidh mé ceart í tráthnóna."

Níor bhreathnaigh sé ar chor ar bith uirthi, ach amach aríst de sciotán.

~~~~

Níor chuir sí ceist ariamh air cén t-údar a ndéanadh sé an chasacht sin nuair a bhíodh sé ag teacht gar don doras. Sórt gnúsacht a dhéanadh sé. Níor tháinig sé ariamh i ngan fhios di.

Do dhuine a bhí chomh hiomráiteach, ní raibh ach fíorbheagán le rá aige le cúpla seachtain anuas, agus ní raibh sé tada ar bith ní b'fhearr inniu. B'fhéidir gur cheap sé go raibh milleán aici dó. Cinnte, ba eisean a tharraing anuas ar dtús é. Agus nuair a bhí an cinneadh le déanamh, ba é fhéin a rinne an cinneadh sin, agus chuile chinneadh eile dá raibh le déanamh. Gan aon ionchur aici féin i ngraithí ariamh, taobh amuigh den teach.

Ní raibh an tríú duine ann chun rudaí a phlé: iad gan leanbh ná lorán!

Ní raibh sí cinnte go rabhadar ag déanamh an rud ceart nó nach raibh. Ach bhí sí cinnte go mba athrú mór millteach a bheadh ina saol ón lá seo amach.

Bhí cumha orthu nuair a d'imigh an dream eile. Cumha a raibh cineál éad ag snámh tríd. Bhíodar sin ag tabhairt aghaidh ar shaol nua as an bpíosa. Mar a bheidís ag tosaí aríst. Ba é an seantosaí anois acu fhéin é! Ach níor cheapadar ariamh go mbeidís fágtha anseo leo fhéin. Bhí am ann, agus bhí teacht agus imeacht. Ach le blianta beaga anuas ní raibh ann ach an t-imeacht.

Is dóigh go raibh a fhios aici ina croí go dtiocfadh an lá seo. Nuair nach mbeadh fágtha ach an bheirt acu. Dá mbuailfeadh tinneas duine againn, nó an bheirt againn ag an am céanna, an argóint a bhí aige fhéin.

Ach ba é an rud ba mhó a bhí ag cur as di, nach raibh an dara rogha aici. Go raibh uirthi imeacht dá buíochas. Bhí cineál rogha eicínt ag an dream a d'imigh rompu.

Ba bheag nár chas sí ar ais le cúpla fód a chur ar an tine sula ndeachaigh sí amach an doras.

Sheas sí ar an gcnocán beag lom a bhí ar chúl an tí. Anseo a sheasadh sí ag tóraíocht na farraige nuair a bhíodh sé fhéin ag iascach. Rud nár inis sí dó ariamh. Bhí radharc as an spota seo ar an oileán ar fad, chomh maith le radharc iomrothlach ar an aigéan. Anseo a dhéanadh sí an impí agus an achainí ar Dhia a fear céile a chosaint ó thonntracha tréana, borba, fíochmhara na farraige móire. Fios aici go maith go mbaineann an fharraige a cuid féin amach, go minic nuair is lú a bhíonn súil leis. Ina seasamh ar an gcnocán sin, agus eisean amuigh ar an domhain, shamhlaíodh sí na tonnta farraige ina gcruacha móra arrachtacha, dá ionsaí le dianas. Shamhlaíodh sí iad ag slogadh an bháid go craosach, mar ollphéist ghránna.

Chuir a smaointe creathadh fuachta uirthi. D'fháisc sí a lámha thart ar a coim, mar a bheadh sí ag iarraidh na smaointe a fháisceadh amach aisti fhéin.

Ba iad na tonnta céanna a chuireadh in iúl iad féin go fiáin, glórach. D'fheicfeá an fharraige, í spréachta agus cuthach uirthi, ag bualadh na n-oileáin bheaga gan trua gan trócaire. Mar a bheadh sí ag iarraidh na hoileáin a scuabadh as an mbealach le láimh láidir. An ród a ghlanadh, chun bóthar réidh a bheith aici fhéin, agus í ag sleamhnú isteach sna cuanta beaga a bhí thart le cósta an oileáin.

Ach bhí an taobh eile ann! Chreid sise i gcónaí nach raibh diúltach ariamh gan dearfach a bheith i scailp eicínt! Agus ba é a fhearacht sin ag an bhfarraige é!

Bhí sí in ann a bheith magúil, mealltach, gortach, fíochmhar, fuadrach, fiúntach, flaithbheartach. Bhrisfeadh sí croí na gcloch. D'ardódh sí an croí ab ísle. Chuirfeadh sí an fhuil ag coipeadh nuair a bhíodh sí ciúin, séimh, suaimhneach.

Bhí sí draíochtúil lá breá te samhraidh. Na
bheaga mar a bheidís ag snámh ar a héadan glanbhearrtha.
Ní leáfadh an t-im ina béal!

Ag breathnú thart ar fud an oileáin di, chonaic sí mar a
bhí an gaineamh ag brú a bhealaigh isteach ar fud an
oileáin. Ag sní leis de réir a chéile. Garranta a bhí glas,
torthúil tráth, bhíodar clúdaithe leis an ngaineamh geal, gan
le feiceáil ach barr na gclaíocha ar éigean. Cheapfá go raibh
fios ag an oileán nach mbeadh sé féin ag teastáil a
thuilleadh, agus go raibh sé dá chlúdú féin mar a dhéanfaí
le troscán a bheadh dá stóráil.

B'fhéidir go mbeadh graithe ag duine eicínt de aríst, agus
b'fhéidir nach mbeadh. An raibh sé ag fáiltiú roimh an
ngaineamh mar chomhluadar?

Bhí radharc aici ar an mbóthar a bhí ag gabháil ó cheann
ceann an oileáin. Ní raibh call di a súile a dhúnadh chun í
fhéin a fheiceáil ina girseach óg aríst. Í fhéin agus ógánaigh
an oileáin ag máirseáil siar agus aniar an bóthar, tráthnónta
breá samhraidh. Iad ag casadh "An Rógaire Dubh" agus
amhráin mháirseála eile, ag coinneáil céim leis an rithim agus
ag cumadh véarsaí breise don tráthnóna fada.

Ní raibh fonn uirthi fanacht rófhada sa staid sin.
Bhreathnaigh sí uaithi amach ar an bhfarraige mhór.
Seanaithne aici ar chuile thrá, chuile charraig, chuile
mhaidhm, chuile oileán a bhí thart leis an gcósta clochach
sin. Ón Trá Mhór go Trá na Muice go Trá Theach na Scoile.
Ní raibh fágtha de theach na scoile ach na ballaí. Bhí a fhios
aici go raibh láthair bheag adhlactha ó dheas de theach na
scoile. Páistí gan bhaisteadh agus coirp a thagadh i dtír a
bhí curtha faoin bhfód sa reilig bheag sin. Ní chuirtí a
leithéid seo i dtalamh coisricthe. Ach nach iontach mar a

chasann an roth! Inniu fhéin bhí an beo ag tréigean an oileáin. Bheadh scilbh anois ag na créatúir a bhí faoin bhfód sa reilig bheag sin. An dream sin nach raibh aon ghraithe díobh, fiú básaithe! Ní raibh sí ina dhiaidh orthu. Ag breathnú amach chun farraige di, chonaic sí na carraigreacha. Carraig Sheáin Uí Fhéinne, Carraig Éamoinn, Carraig Bhaird, agus Leacracha Mhuintir Churraoin. Bhí siad, agus a n-ainmneacha, breactha ar a hintinn go díreach glan mar a bhí na gréithe ar an drisiúr sa teach. Ba chuma cén áit a ngabhfadh sí, thabharfadh sí léi na hoileáin agus na carraigreacha seo.

⌐⌐⌐

Bheadh glór na farraige le cloisteáil fiú dá mbeadh sé ina chalm dearg. Bhíodh an oibriú a bhíodh i bhfad amach le cloisteáil i gcónaí. D'fhanfadh an fhuaim sin ina ceann go deo, cuma cá mbeadh sí.

As taobh a súl, thug sí faoi deara é, ina shuí ar chloch gar do theach na scoile. Speic a chaipín tarraingthe anuas os cionn a shúile. É ag breathnú uaidh i dtreo na Sceirde siar. Meas tú céard atá ag dul tríd an intinn anois, a smaoinigh sí. An bhfuil aiféala air a bheith ag tarraingt a chuid rútaí as an oileán seo a fágadh mar oidhreacht aige, agus ag a sheanmhuintir roimhe? An airíonn sé ciontach gur eisean atá ag tréigean na talún seo?

Chonaic sí ag éirí ina sheasamh é agus an cholainn mhór, ghéagach ag casadh thart. Nuair a chonaic sé í, chas sé agus shuigh arís. Ní raibh fonn air teacht gar di ar chor ar bith inniu. D'airigh sí fhéin an bealach céanna, ach ní raibh uaithi é a admháil di fhéin. B'fhearr léi anois mura dtiocfadh sé gar

di . . . ní bheadh eatartha ach tost. Mar a bh
choicís dá bpósadh, nó go dtug sí fhéin an t-ugach.

Bhíodar anois mar a bheadh dhá ainmhí a mbeadh a
fhios acu go mbeadh troid fhíochmhar eatarthu lá eicínt ach
nach raibh an t-am ceart go fóill.

Nó mar lánúin a bheadh i ngrá le chéile ach nach raibh
sé de mhisneach ag ceachtar acu an chéad choiscéim a
thógáil.

Chuireadh sé cineál uaigneas uirthi fhéin scaití, nuair
nach mbíodh fonn air a chuid smaointe a roinnt léi. Cibé
cén smál a bhí air.

Bhí sé mar a bheadh rud eicínt ag ábhrú ina cholainn,
rud nach ligfeadh sé le aon duine saolta, fiú a bhean chéile.
Bhraith sí le fada go raibh fir oileáin mar sin. Iad rúnda ina
mbealaí is ina mbéasa.

Bhí a fhios aici ón áit a raibh an ghrian sa spéir go raibh
sé thart ar mheán lae. Chas sí ar ais i dtreo an tí.

Nuair a fuair sí taobh istigh í fhéin, chuaigh sí ó sheomra
go seomra. Ag cuimilt a láimhe ar leac na fuinneoige, ar an
matal, ar na ballaí. Rud ar bith a mbíodh teagmháil aici leis
ar feadh na mblianta. Ní raibh a ngrá roinnte le aon rud ná
duine eile ach leis an áit seo agus lena chéile. B'iontach an
lear grá é sin.

Nár mhór an feall nach raibh muirín orthu. Ach ní raibh
ceachtar acu searbhasach. Dúirt seisean, ina bhealach
místuama fhéin, go mba é toil Dé é, nach raibh aon dul
thairis!

Bhí an troscán ar fad pacáilte cé is moite de fhráma na
leapan a bhí le fágáil san áit a raibh sé. Chaithfí teacht ar
ais i gcoinne an drisiúir, a bhí anois chomh nocht is a bhí sé
an chéad lá.

Chuimil radharc a súl go grámhar leis na ballaí. Chuile choirnéal, chuile chúinne.

Lá eicínt amach anseo bhainfeadh staraí caint as na ballaí seo, agus d'inseoidís scéal. Agus mura raibh scéal le n-inseacht acu siúd!

❧

Ní fhágfadh an t-oileán go brách iad. Bheadh sé ina n-éirí agus ina luí. Ina lá agus ina n-oíche. Nár mhór an feall nárbh fhéidir oileán a tharraingt i ndiaidh báid agus é a fheistiú in áit ar bith ar mhian leat!

Chuala sí an ghnúsacht.

Sháigh sé fhéin a chloigeann isteach. "Seo linn, in ainm Dé," ar seisean.

Bhreathnaigh sé go leataobh, a chluas dheas crochta aige, mar a bheadh sé ag fanacht le diúltú. Nó an dá ghuí a bhí sé?

Níor oscail sise a béal.

Chuimil sí a lámh go grámhar ar ursain an dorais ar a bealach amach.

Shuigh sí ar an seas os a chomhair, agus rug sé fhéin ar na maidí.

Ag breathnú uaidh ar an spéir a bhí sé, nuair a labhair sé: "Nach mór an feall nach féidir linn an spota maol sin atá ar an gcnocán beag ar chúl an tí a thabhairt linn!"

Bhreathnaigh sí ar na hailt a bhí ag athrú dath, ó chorcra go bán, de réir mar a bhí na lámha ag fáisceadh ar na maidí.

Níor thug sé aon bhuille fós.

"Ach, ar ndóigh, ní gá dúinn é a thabhairt linn," ar seisean go mall.

Rinne sí meangadh beag cúthalach nuair a dhearc sé ina treo. Ba é seo an chéad uair le mí go bhfaca sí a chuid súile i gceart.

Ansin a chonaic sí an strus damanta ag teacht ina éadan. D'athraigh an dath a bhí ina aghaidh nó go raibh sé liathbhuí. Dath a bhain scanradh aisti.

An straidhn aisteach a bhí ar an bhféith mhór ina mhuineál, mar a bheadh teannadh ar rópa báid a bheadh feistithe róghearr.

Cheap sí gurbh iad na maidí ba chiontsiocair leis. Go raibh sé ag dul crua air aon chor a bhaint as an gcurach.

Chonaic sí a shúile ag breathnú uirthi. Ag stánadh, ach iad mar a bheidís folamh.

Bhí a bhéal leathoscailte, í cinnte go raibh sé ag iarraidh rud eicínt a rá léi, ach níor tháinig aon fhuaim amach.

Chrom sé de bheagán agus thit sé ina treo, a lámha fós ar na maidí, a d'éirigh as an uisce de réir mar a bhí sé ag titim.

Ar a glúine a thit a chloigeann.

Thosaigh sí ag cuimilt a chinn lena dá láimh, dá bogadh fhéin anonn is anall.

Ba trí thimpiste a rinne a lámh teagmháil leis an bhféith. Bhí a fhios aici ag an nóiméad sin go raibh a spiorad fágtha ar an oileán aige.

D'ísligh sí a cloigeann agus leag a béal ar chúl a chinn.

Bhí an fharraige ag líochán na gclocha cladaigh . . . an fhuaim mar chór aingeal ina cluasa.

An Eochair

"An mbeifeá in ann ceartúcháin a dhéanamh dom inniu, a Áine?"

"Cinnte," a deir sí.

"Lean ort ó bharr an scáileáin."

Bhrúigh Éamonn an chathaoir rothaí siar ón ríomhaire agus d'fhág áit di. Shocraigh sí a cathaoir fhéin os comhair an ríomhaire.

Ní dheachaigh móran laethanta thart nach mbíodh sí ar an obair seo. Cé nach raibh sé mar chuid dá dualgaisí ar chor ar bith.

Bhí a bhéile ite aige agus cith tugtha aici dó.

Ba chuma léi faoin obair bhreise seo. Bhí sí lán toilteanach é a dhéanamh dó. Agus thugadh sé breis ama di sa teach. An rud a bhí uaithi.

Thug sí aghaidh ar an monatóir.

Tá sé ag fáil níos deacra chuile lá. Níl a fhios agam anois an ngabhfaidh mé ina chleachtadh go brách. Sáite i gcathaoir mar seo, ag dhá scór bliain d'aois. Gan beo díom ach taobh amháin.

Gan beo díom ach leath!

Bhí a fhios ag Áine le tamall gur ag scríobh faoi fhéin a bhí sé. Dhéanfadh sé corrbhotún beag anois is aríst, gan aige ach lámh amháin le bheith ag scríobh. Thug sí faoi deara nach raibh aon bhac ar a intinn, agus bhí sí buíoch. Duine caoin, cairdiúil, théis a ndeachaigh sé thríd le cúpla mí anuas. Bhí a fhios aici go maith go raibh sé dian air. Fear a fuair stróc agus é i mbláth na hóige. Ach ní raibh aon searbhas ina cholainn. B'iomaí uair a bhíodh sí ag cuimhniú léi fhéin, dá dtarlódh sé di go mbeadh sí imithe as a ciall.

Ach d'fhéadfadh rudaí a bheith i bhfad níos measa ná mar atá. D'fhéadfainn a bheith sáite in ionad eicínt agus daoine do mo bheathú mar a bheadh páiste. Nach fearr dom a bheith i mo leathdhuine anseo ná bheith i mo leathdhuine in áit strainséartha.

Nach iontach an rud go mbreathnaíonn sé mar sin ar a chás, a cheap Áine. An fear deireanach a raibh sí mar chúramaí aige, bhí sé chomh cantalach le dris. Agus gan marach air ach go raibh sé ag dul in aois go nádúrtha.

Bhí an t-ádh dearg orm go raibh mé san ospidéal taobh istigh de uair an chloig an lá sin. Murach go raibh ní bheinn in ann scríobh faoi, sin cinnte. Bíonn an chéad dá uair cinniúnach!

Agus cá bhfios céard a tharlódh amach anseo? B'fhéidir go dtarraingeodh rudaí ina chéile i mo cholainn aríst. Pé ar bith traiseáil a fuair m'inchinn ón stróc, b'fhéidir go gcuirfeadh sé caoi air fhéin. Creidim go bhfuil sé ar chumas na hinchinne é fhéin a chur ina cheart. Ar ndóigh is é an inchinn an t-aon rud a bhfuil a fhios aige go cinnte céard atá ar siúl.

Tá a dtuairimí fhéin ag dochtúirí, ach ag deireadh an lae níl acu ach tuairimí.

Sin an fáth go bhfuil mé chomh dóchasach. Tá muinín agam as m'inchinn. Agus tá a fhios sin ag m'inchinn. Mar a bheadh cábla leictreach briste, níl m'inchinn in ann teagmháil cheart a dhéanamh le cuid de mo cholainn fós. Ach tá a fhios agam go bhfuil an inchinn ag obair air sin. Gan stad. Lá eicínt, nuair nach mbeidh súil agam leis, déarfaidh m'inchinn liom mo lámh agus mo chois a chur ag obair. Beidh mé anseo ag fanacht leis an ordú. Tá mé lánchinnte go dtiocfaidh sé. Fiú agus cuid de chealla na hinchinne caillte, beidh an inchinn atá fágtha in ann oibriú leis.

Nach iontach an dearcadh atá aige, a deir Áine léi fhéin. É chomh dearfach sin.

B'fhéidir go nglacann daoine ró-éasca le stróc agus go luíonn siad faoi, ar sí léi fhéin.

Ach, ansin aríst, cá bhfios dom nach bhfuil m'inchinn, mar atá sé faoi láthair, scaipthe ar fad? Cá bhfios dom nach seafóid ar fad atá curtha síos agam ar an ríomhaire seo? Nó an bhfuil ciall ar bith ag baint leis an méid atá scríofa agam? Cé go gcreidim fhéin go bhfuil, b'fhéidir nach bhfuil ann uilig ach mearú?

Cá bhfios dom an bhfuil mé dá scríobh seo ar chor ar bith?

Nach bhfuil sé ach dá fheiceáil dom. Ach tá Áine anseo nach bhfuil, agus í ag ceartú dom? Nó an bhfuil?

Meas tú an bhfuil sé ar a chumas an chuid den inchinn atá sláintiúil a chur ag obair ar an gcuid nach bhfuil, arsa Áine léi fhéin. Deirtear go bhfuil cumhacht ag an inchinn nach dtuigeann aon duine fós.

Céard faoin eochair? An craiceáil é go bhfuil mé chomh cúramach sin faoin eochair, agus an seomra? An paranóia é?

*Dá bhfaighinn bás ar an toirt, bheadh an saol mór in ann
a dhul sa seomra. Nach cuma má théann duine eicínt isteach
ann inniu nó amáireach. Céard atá istigh ann ach . . .*
Ó, a mhaighdean, cén fáth nár chríochnaigh sé an
abairt.

Deargann aghaidh Áine dá buíochas. Airíonn sí an teas
ar chúl a muiníl.

Tugann sí amharc go leataobh, ach tá sé taobh thall ag
dul trí iris eicínt.

Nach maith gur luaigh sé an eochair. Níor chuimhnigh
sí go gcuirfeadh sé an smaoineamh sin faoin eochair ar an
ríomhaire. Agus cé nár labhair sé air, cheap sí go raibh a
fhios aige an dúil a bhí aici fhéin a lámh a leagan ar an
eochair chéanna.

Níl mórán as corr san intinn sin ar chuma ar bith, ar sí
léi fhéin.

Ní raibh sí sa bpost ach cúpla lá nuair a thug sí faoi
deara nach raibh aon fhonn air í a ligean isteach sa seomra.
Nuair a rinne sí iarracht an doras a oscailt, chonaic sí go
raibh sé faoi ghlas.

Nuair a mhol sí dó gur cheart di an seomra a ghlanadh,
bhain sé sclamh aisti. Ba é an t-aon uair é a raibh fearg ina
ghlór.

Cibé rún a bhí sa seomra?

Bhí sí fhéin curtha ó chodladh na hoíche ag an seomra
sin. Ón gcéad nóiméad a fuair sí amach go raibh cosc uirthi
dul isteach ann. Í ag iarraidh a dhéanamh amach céard a
d'fhéadfadh a bheith ann. Ní dheachaigh sé fhéin gar don
seomra ag am ar bith. Nó má chuaigh ba é an uair a bhíodh
sé ina aonar sa teach a rinne sé é.

Céard a d'fhéadfadh a bheith chomh tábhachtach sin

nacn raibh cead aici é a fheiceáil? Ach ar ndóigh níl aon teach nach bhfuil rún de chineál eicínt i bhfolach ann. Rudaí beaga príobháideacha, gan aon tábhacht go minic. Ach rúnda mar sin féin.

An raibh sé ag tabhairt aire don seomra de bharr go raibh ócáid áirithe pleanáilte aige ina chomhair? An raibh sé ar tí bean a thabhairt isteach sul má fuair sé an stróc? An raibh an seomra réitithe go gleoite aige d'oíche bainise? De bharr an stróc nach mbeadh aon bhainis ann anois? An raibh bean aige agus gur fhág sí é? Nach ligfeadh a chroí dó dul sa seomra ó shoin?

Nó, Dia idir sinn agus an anachain, an raibh . . . ?

B'fhearr gan cuimhniú ar rudaí mar sin, arsa Áine léi fhéin. Lá eicínt, nó oíche eicínt, gheobhaidh mé an deis mé fhéin. Níl ann ach foighid a bheith agam.

Ach b'in í a fadhb. Ní raibh aon fhoighid aici. Bhí sí beagnach as a meabhair cheana fhéin dá bharr. A hintinn chomh tógtha sin leis an eochair agus an seomra nach raibh sí in ann cuimhniú ar thada eile ach é.

É fhéin a cheapadh gur paranóia a bhí ann go raibh sé ag gardáil na heochrach.

An paranóia a bhí ann go raibh sí fhéin ag faire ar an eochair chéanna?

Bhí leithscéal aigesan: bhí stróc aige.

Cén fáth nach raibh sí in ann an seomra agus an eochair a ghlanadh amach as a hintinn? An cineál diomar a bhí ar a hintinn féin? Píosa dá hintinn ag rá léi dearmad a dhéanamh ar an seomra agus ar an eochair, agus píosa eile dá mealladh agus dá gríosadh chun a lámh a leagan ar an eochair.

Bíonn an-uaigneas orm le gairid. Níl a fhios agam cén

t-údar atá leis. Is dóigh go raibh an oiread sin cleachtadh
agam bheith ag bualadh le daoine san oifig. Airím anois mar
nach bhfuil maith ar bith ionam d'aon duine. Mar a bheadh
ubh a bheadh tite ar an urlár.
Ach is deas go bhfuil Áine ag teacht isteach. Solas i saol
atá dorcha. Murach go bhfuil sí ag teacht ní bheadh mórán
de shaol agam.

Bhog a croí agus í ag breathnú anonn air. É chomh
leochaileach ansin leis fhéin.

Damnú ar an eochair, agus ar an seomra. Nach cuma
domsa cén rún atá sa seomra. Ní bhaineann sé liom beag ná
mór. Ba chóir dom bheith buíoch agus mo shláinte a bheith
agam. Sin é ár laigeacht. Ní bhíonn muid leath sách buíoch.

Bhreathnaigh Áine anonn ar dhoras an tseomra, agus
tháinig an dúil ar ais an an bpointe, dá buíochas.

Is cuma céard a déarfas sé, nó céard a scríofas sé,
caithfidh mé an seomra a fheiceáil ar bhealach eicínt. Ní
bheidh mé beo nó go bhfeicfidh mé céard atá ar an taobh
eile den doras sin. Nach uafásach an mallacht orm é. Agus
is dóigh gur mallacht é! Pé ar bith céard atá ar an taobh eile
den doras ní bhaineann sé liomsa. Ach fós caithfidh mé mo
chuid fiosrachta a shásamh. Tá a fhios agam go gcaithfidh.
Agus tá a fhios agam go mbeidh mé sa seomra sin ar an
gcéad deis a gheobhas mé a dhul ann.

Ach b'fhéidir nach dtiocfadh mo dheis go brách! Céard
a dhéanfas mé sa gcás nach dtiocfaidh?

"Tá mé réidh leis seo, a Éamoinn."

"Go raibh míle maith agat, a Áine. Níl a fhios agam
céard a dhéanfainn gan tú."

"Réiteoidh mé do sheomra anois, agus beidh tú ceart go
leor go dtí amáireach."

Chuaigh sí isteach ina sheomra codlata agus lean uirthi ag cóiriú na leapan dó. D'aithin sí ar an torann go raibh sé tar éis titim amach as an gcathaoir ar an urlár.

Rith sí ina threo.

"Éamonn! Éamonn!"

Níor fhreagair sé í.

Bhí sé ina luí ar a thaobh, é fhéin agus an chathaoir, a chloigeann ar an urlár. Ar an gcéad amharc níor bhreathnaigh sé go raibh aon ghortú tarlaithe dó. Bhí faitíos uirthi go mbeadh lochán fola ag teacht nóiméad ar bith, mar gur mheas sí gur thit sé go trom. Chuir sí a lámh faoina ghualainn chun é a ardú. Bhí a shúile dúnta. Chuimil sí a lámh thart ar a chloigeann, ach ní fhaca sí aon deoir fola. Chroch sí an caipín súl lena hordóig agus chonaic sí an ghloiníocht ina shúil, radharc a bhí feicthe aici cheana sa bpost a bhí aici.

"Tá an créatúr marbh," ar sí os íseal. Agus chreid sí go raibh. Bhí trua ina croí aici dó.

Nuair a leag sí a chloigeann go réidh ar ais ar an urlár, thug sí faoi deara an slabhra óir a bhí ar liobarna. Luigh a súile ar an eochair a bhí crochta den slabhra.

Thosaigh a croí ag preabadh ina thintreach. A ceann lán le mothúcháin.

Smaointe aisteacha ag ionsaí a hintinn dá buíochas. Bhí a cuid súile greamaithe den eochair ar an slabhra, mar a bheadh sí faoi gheasa ag draoi. Eochair an tseomra, arsa glór ina cloigeann. Uair na faille.

Chuimhnigh sí nach raibh tada dá stopadh anois chun fáil amach céard a bhí sa seomra. Cúig mhí ag fanacht leis an am seo. Ba é an feall gur mar seo a thit rudaí amach, ach bhí cloiste go minic aici nach bhfuil dul ón gcinniúint. Agus ní chuirfeadh sé faic as d'Éamonn bocht anois.

Bhain sí an slabhra go cineálta dá mhuineál, agus anonn léi i dtreo dhoras an tseomra. As coirnéal a súl chonaic sí í fhéin sa scáthán mór a bhí ar crochadh ar an mbealach. Chonaic sí bean a bhí ar tí dúnmharú a dhéanamh, nó a bhí ag éalú ón gcoir a bhí déanta cheana fhéin.

Ach bhí dúrún an tseomra i gceannas ar a colainn anois. Ní stopfadh rud ar bith í. Ní raibh ar a cumas í fhéin a stopadh.

Bhí uirthi breith ar an eochair lena dhá láimh chun í a chur isteach sa bpoll. A colainn ar fad ag creathadh agus í ag iarraidh an eochair a chasadh sa nglas. Casadh beag amháin agus bheadh a cuid peiríocha curtha di aici. Pé ar bith céard a bhí ann, bheadh fios aici féin air.

Ba i ngan fhios di a chas sí a cloigeann agus bhreathnaigh ar ais ar Éamonn.

Bhí cúl a chinn léi.

Gan fios aici cén fáth chuir an radharc a gasúir féin i gcuimhne di. Bhí Éamonn ina luí ansin chomh ciúin socair mar a bheadh páiste ina luí ar a thaobh i gcliabhán.

Is measa mé go mór ná Iúdás, arsa Áine léi fhéin. Is measa mé ná dhá Iúdás.

Tharraing sí siar a lámh ó pholl na heochrach. Theann sí anonn chuige, agus chuir an slabhra ar ais san áit a bhfuair sí é.

Bhí athrú ar a aghaidh agus a shúile ar oscailt. Cheap sí go bhfaca sí faitíos sna súile, agus uaigneas cráite. Iad ag stánadh uirthi.

Bhí a fhios aici go raibh na súile beo.

Smaoinigh sí ar líne a bhí scríofa ar an ríomhaire aige. *Bíonn an chéad dá uair cinniúnach!* Bhí sé i bhfoisceacht deich nóiméad den ospidéal, agus cóir leighis. Thóg sí an fón as a póca agus rinne sí an glaoch.

Luigh sí ar an urlár lena ais, agus thóg a chloigeann ina lámha, mar a dhéanfadh sí leis an bpáiste sa mbaile. Thosaigh sí ag caint leis. Ní raibh sí cinnte an raibh sé in ann í a chloisteáil nó nach raibh.

An Poll

Ní dhearna sé ach breathnú síos ann. Cén dochar a bhí ansin? Scrúdú beag a dhéanamh ar a chruth, dá bhféadfadh sé é. Poll cruinn. Cruinn, domhain agus dorcha. Gan tuairim dá laghad aige cén doimhne a bhí ann. Gan tada le feiceáil thíos, má bhí aon thíos ann. Ach chaithfeadh sé go raibh thíos ann, in áit eicínt. Pé ar bith cé a bhain é, bhí air stopadh in áit eicínt. Nach bhfuil thuas agus thíos i chuile rud. Nach bhfuil thuas agus thíos luaite le chéile i gcónaí. Stop carr.

Tá poill níos mó againn i Meiriceá, ar seisean. Poill i bhfad níos mó.

B'fhéidir go bhfuil, a deir sé ar ais, ach níl an poll seo agaibh i Meiriceá. Dá mbeadh an poll seo i Meiriceá, ní bheadh sé anseo. Agus mura mbeadh sé anseo, ní bheinnse anseo ag breathnú síos ann. Agus ní bheadh tusa anseo ag rá liomsa go bhfuil poill níos mó agaibh i Meiriceá.

An bhfuil duine eicínt gortaithe? Glór an tSáirsint.

Níl, arsa an Poncánach. Níl ann ach poll. Tá poill i bhfad níos mó againn i Meiriceá.

In ainm Dé, an bhfuil duine eicínt marbh? arsa an Sagart.

Níl, arsa an Sáirsint. Ná gortaithe.

Níl ann ach poll, arsa an Poncánach. Tá poill i bhfad níos mó againn i Meiriceá.

An bhfuil gá le cónra? arsa an tAdhlacóir.

Níl, arsa an Sagart. Níl aon duine marbh.

Ná gortaithe, arsa an Sáirsint.

Níl ann ach poll, arsa an Poncánach. Tá poill i bhfad níos mó againn i Meiriceá.

An bhfuil ól ag teastáil agus ceapairí? arsa an tÓstóir.

Níl, arsa an tAdhlacóir. Níl gá le cónra.

Níl aon duine marbh, arsa an Sagart.

Ná gortaithe, arsa an Sáirsint.

Níl ann ach poll, arsa an Poncánach. Tá poill i bhfad níos mó againn i Meiriceá.

An bhfuil gá an scoil a dhúnadh? arsa an Múinteoir.

Níl, arsa an tÓstóir, níl gá le hól ná ceapairí.

Níl gá le cónra, arsa an tAdhlacóir.

Níl aon duine marbh, arsa an Sagart.

Ná gortaithe, arsa an Sáirsint.

Níl ann ach poll, arsa an Poncánach. Tá poill i bhfad níos mó againn i Meiriceá.

An bhfuil gá an bóthar a dhúnadh? arsa fear an Údarás Bóithre Náisiúnta.

Níl, arsa an Múinteoir. Ní gá an scoil a dhúnadh.

Níl gá le hól ná ceapairí, arsa an tÓstóir.

Níl gá le cónra, arsa an tAdhlacóir.

Níl aon duine marbh, arsa an Sagart.

Ná gortaithe, arsa an Sáirsint.

Níl ann ach poll, arsa an Poncánach. Tá poill i bhfad níos mó againn i Meiriceá.

An bhfuil gá le hOlltoghchán? arsa Polaiteoir.

Níl, arsa fear an Údarás Bóithre Náisiúnta. Ní gá an bóthar a dhúnadh.

Ní gá an scoil a dhúnadh, arsa an Múinteoir.

Níl gá le hól ná ceapairí, arsa an tÓstóir.
Níl gá le cónra, arsa an tAdhlacóir.
Níl aon duine marbh, arsa an Sagart.
Ná gortaithe, arsa an Sáirsint.
Níl ann ach poll, arsa an Poncánach. Tá poill i bhfad níos mó againn i Meiriceá.
An bhfuil gá le hagallamh? arsa Fear Raidió.
Níl, arsa an Polaiteoir. Níl gá le hOlltoghchán.
Ní gá an bóthar a dhúnadh, arsa fear an Údarás Bóithre Náisiúnta.
Ní gá an scoil a dhúnadh, arsa an Múinteoir.
Níl gá le hól ná ceapairí, arsa an tÓstóir.
Níl gá le cónra, arsa an tAdhlacóir.
Níl aon duine marbh, arsa an Sagart.
Ná gortaithe, arsa an Sáirsint.
Níl ann ach poll, arsa an Poncánach. Tá poill i bhfad níos mó againn i Meiriceá.
An bhfuil gá le Staidéar Féidearthachta? arsa Fear Údarásach.
Níl, arsa an Fear Raidió. Níl gá le hagallamh.
Níl, arsa an Polaiteoir. Níl gá le hOlltoghchán.
Ní gá an bóthar a dhúnadh, arsa fear an Údarás Bóithre Náisiúnta.
Ní gá an scoil a dhúnadh, arsa an Múinteoir.
Níl gá le hól ná ceapairí, arsa an tÓstóir.
Níl gá le cónra, arsa an tAdhlacóir.
Níl aon duine marbh, arsa an Sagart.
Ná gortaithe, arsa an Sáirsint.
Níl ann ach poll, arsa an Poncánach. Tá poill i bhfad níos mó againn i Meiriceá.

An bhfuil gá le Staidéar Tionchar Timpeallachta? arsa an Chomhairle.

Níl, arsa an Fear Údarásach. Níl gá le Staidéar Féidearthachta.

Níl, arsa an Fear Raidió. Níl gá le hagallamh.

Níl, arsa an Polaiteoir. Níl gá le hOlltoghchán.

Ní gá an bóthar a dhúnadh, arsa fear an Údarás Bóithre Náisiúnta.

Ní gá an scoil a dhúnadh, arsa an Múinteoir.

Níl gá le hól ná ceapairí, arsa an tÓstóir.

Níl gá le cónra, arsa an tAdhlacóir.

Níl aon duine marbh, arsa an Sagart.

Ná gortaithe, arsa an Sáirsint.

Níl ann ach poll, arsa an Poncánach. Tá poill i bhfad níos mó againn i Meiriceá.

An bhfuil gá le cás cúirte? arsa Breitheamh.

Níl, arsa an Chomhairle. Níl gá le Staidéar Tionchar Timpeallachta.

Níl, arsa an Fear Údarásach. Níl gá le Staidéar Féidearthachta.

Níl, arsa an Fear Raidió. Níl gá le hagallamh.

Níl, arsa an Polaiteoir. Níl gá le hOlltoghchán.

Ní gá an bóthar a dhúnadh, arsa fear an Údarás Bóithre Náisiúnta.

Ní gá an scoil a dhúnadh, arsa an Múinteoir.

Níl gá le hól ná ceapairí, arsa an tÓstóir.

Níl gá le cónra, arsa an tAdhlacóir.

Níl aon duine marbh, arsa an Sagart.

Ná gortaithe, arsa an Sáirsint.

Níl ann ach poll, arsa an Poncánach. Tá poill i bhfad níos mó againn i Meiriceá.

An bhfuil gá le grianghraf? arsa Grianghrafadóir.

Níl, arsa an Breitheamh. Níl gá le cás cúirte.

Níl, arsa an Chomhairle. Níl gá le Staidéar Tionchar Timpeallachta.

Níl, arsa an Fear Údarásach. Níl gá le Staidéar Féidearthachta.

Níl, arsa an Fear Raidió. Níl gá le hagallamh.

Níl, arsa an Polaiteoir. Níl gá le hOlltoghchán.

Ní gá an bóthar a dhúnadh, arsa fear an Údarás Bóithre Náisiúnta.

Ní gá an scoil a dhúnadh, arsa an Múinteoir.

Níl gá le hól ná ceapairí, arsa an tÓstóir.

Níl gá le cónra, arsa an tAdhlacóir.

Níl aon duine marbh, arsa an Sagart.

Ná gortaithe, arsa an Sáirsint.

Níl ann ach poll, arsa an Poncánach. Tá poill i bhfad níos mó againn i Meiriceá.

An bhfuil gá le smideadh? arsa Fear Teilifíse.

Níl, arsa an Grianghrafadóir. Níl gá le grianghraf.

Níl, arsa an Breitheamh. Níl gá le cás cúirte.

Níl, arsa an Chomhairle. Níl gá le Staidéar Tionchar Timpeallachta.

Níl, arsa an Fear Údarásach. Níl gá le Staidéar Féidearthachta.

Níl, arsa an Fear Raidió. Níl gá le hagallamh.

Níl, arsa an Polaiteoir. Níl gá le hOlltoghchán.

Ní gá an bóthar a dhúnadh, arsa fear an Údarás Bóithre Náisiúnta.

Ní gá an scoil a dhúnadh, arsa an Múinteoir.

Níl gá le hól ná ceapairí, arsa an tÓstóir.

Níl gá le cónra, arsa an tAdhlacóir.

Níl aon duine marbh, arsa an Sagart.

Ná gortaithe, arsa an Sáirsint.

Níl ann ach poll, arsa an Poncánach. Tá poill i bhfad níos mó againn i Meiriceá.

An bhfuil gá ús a ardú? arsa Baincéir.

Níl, arsa an Fear Teilifíse. Níl gá le smideadh.

Níl, arsa an Grianghrafadóir. Níl gá le grianghraf.

Níl, arsa an Breitheamh. Níl gá le cás cúirte.

Níl, arsa an Chomhairle. Níl gá le Staidéar Tionchar Timpeallachta.

Níl, arsa an Fear Údarásach. Níl gá le Staidéar Féidearthachta.

Níl, arsa an Fear Raidió. Níl gá le hagallamh.

Níl, arsa an Polaiteoir. Níl gá le hOlltoghchán.

Ní gá an bóthar a dhúnadh, arsa fear an Údarás Bóithre Náisiúnta.

Ní gá an scoil a dhúnadh, arsa an Múinteoir.

Níl gá le hól ná ceapairí, arsa an tÓstóir.

Níl gá le cónra, arsa an tAdhlacóir.

Níl aon duine marbh, arsa an Sagart.

Ná gortaithe, arsa an Sáirsint.

Níl ann ach poll, arsa an Poncánach. Tá poill i bhfad níos mó againn i Meiriceá.

An bhfuil gá le hiasacht mór? arsa Fear ón Taobh Thoir.

Níl, arsa an Baincéir. Ní gá ús a ardú.

Níl, arsa an Fear Teilifíse. Níl gá le smideadh.

Níl, arsa an Grianghrafadóir. Níl gá le grianghraf.

Níl, arsa an Breitheamh. Níl gá le cás cúirte.

Níl, arsa an Chomhairle. Níl gá le Staidéar Tionchar Timpeallachta.

Níl, arsa an Fear Údarásach. Níl gá le Staidéar Féidearthachta.

Níl, arsa an Fear Raidió. Níl gá le hAgallamh.

Níl, arsa an Polaiteoir. Níl gá le hOlltoghchán.

Ní gá an bóthar a dhúnadh, arsa fear an Údarás Bóithre Náisiúnta.

Ní gá an scoil a dhúnadh, arsa an Múinteoir.

Níl gá le hól ná ceapairí, arsa an tÓstóir.

Níl gá le cónra, arsa an tAdhlacóir.

Níl aon duine marbh, arsa an Sagart.

Ná gortaithe, arsa an Sáirsint.

Níl ann ach poll, arsa an Poncánach. Tá poill i bhfad níos mó againn i Meiriceá.

Cén fáth an bhfuil sé ag breathnú síos ann, a Mhama? arsa páiste beag smaoiseach as ucht a mháthar. Cén fáth nach gcasann sé air an t-uisce?

An tAdhlacóir

Bhí Tadhg ina adhlacóir lena chuimhne cinn. Bhí sé chomh fada sin dá dhéanamh gur bhraith sé go raibh sé ag adhlacadh ó rugadh é. Ní raibh aithne aige ar aon cheird eile. Bhí siad uilig curtha aige: fir, mná, páistí, ainteanna, uncaileacha, máithreacha . . . B'aisteach an tslí bheatha bheith ag fanacht leis an mbás. Ach chaithfeadh duine eicínt é a dhéanamh. Murach go raibh Tadhg dá dhéanamh, bheadh duine eicínt eile dá dhéanamh! Nár mhaith ann é!

Nach raibh gá lena leithéid. Nach air a chuimhnítí i gcónaí nuair a gheobhadh duine bás!

Agus céard a bhí aisteach faoin mbás?

Nach mbíonn daoine dá lua go laethúil ina gcuid comhráite! Ina gcuid argóintí. Ina gcuid amhráin. Ina gcuid filíochta. Nach raibh sé luaite go minic sa mBíobla!

Mura raibh an bás coitianta níor lá go maidin é.

Bhraith Tadhg nach raibh sé féin an-choitianta. Bhíodh cineál scáth ag daoine roimhe, b'fhacthas dó. D'fhanadh a bhformhór i bhfad amach uaidh. Ní thagaidís ina ghaire mura mbeadh fáth acu leis. Cheapfá go raibh siad in éad leis, mar gurb é féin a chuirfeadh sa talamh iad nuair a bheadh a seal ar an saol seo tugtha. Nó b'fhéidir náire orthu go bhfeicfeadh sé nocht iad nuair a chaillfí iad? B'fhéidir

gur cheap siad dá bhfanfaidís glan air nach dtaobhódh an
bás iad ar chor ar bith. Go bhfanfadh an bás glan orthu.
B'fhéidir gurbh in an fáth nár choinnigh aon chailín
comhluadar ariamh leis. Ní thagaidís i bhfoisceacht scread
asail de, ná den áit a mbíodh sé.

Thug Tadhg suas a chás luath go maith ina shaol. Bhí
fios aige go mbeadh sé fánach aige a bheith ag súil le bean
a fháil dó féin. É ag déanamh áras do na mairbh agus dá
gcur sa talamh. Cén bhean a mbeadh suim aici ina leithéid
de dhuine?

Ghlac Tadhg lena shlí bheatha go huaigneach.

Ach bhí rún ag Tadhg nach raibh ag aon duine eile. Rún
scanrúil nach bhféadfadh sé a scaoileadh le aon duine go
brách.

Bhí sé de bhua aige go raibh sé in ann an bás a fheiceáil
roimh ré. Níorbh é an bás go díreach a d'fheiceadh sé, mar
níor chreid sé gurbh fhéidir an bás a fheiceáil.

Ach an comhartha! An fiach dubh sin a chonaic sé den
chéad uair agus gan é ach sé bliana déag d'aois. Bhí sé ina
bhró mhuilinn sa mullach air. Mar laincis air. Mar a bheadh
gad imleacáin. É féin agus an bás, ceangailte le chéile go
brách.

Chonaic Tadhg an fiach dubh den chéad uair trí lá sular
cailleadh Séamas Ó Maoláin.

Thug sé suntas don éan mór dubh a bhí ina sheasamh
ar shimléar tigh Shéamais. Bhí na sciatháin mhóra scartha
amach ag an éan. Mar a bheadh bean ag tarraingt a seál
dubh aniar ar a droim. Ar ndóigh níor cheap Tadhg ag an
am sin go raibh aon bhaint ag an éan leis an mbás.

Cén fáth a gceapfadh?

Bhí sé ocht mbliana déag d'aois nuair a chonaic sé an

t-éan mór dubh aríst. É ina sheasamh ar dhíon an tí sin acu féin.

Trí lá ina dhiaidh sin fuair a athair bás.

Fós níor cheap Tadhg go raibh aon bhaint ag an éan leis an mbás.

Tar éis bhás a athar, lean Tadhg leis an gceird a bhí ag a athair, agus ag a athair sin roimhe sin, mar adhlacóir.

Nuair a chonaic sé an fiach dubh ar dhíon an tí aríst, trí lá sular cailleadh a mháthair, bhí fios aige go raibh baint eicínt ag an éan leis an mbás.

Bhí faitíos air a rún a scaoileadh le aon duine. Cé a chreidfeadh é?

Déarfaidís go raibh aistíl air, de bharr a bheith sa teach leis féin. Gan de chomhluadar aige ach cónraí.

Chuirfidís draíocht ina leith. Duine scoite a bheadh ann. Gan cara ná compánach. Cé is moite gur mar sin a bhí.

Ach bhí cara amháin aige! Cara nár thaithin leis. Nach raibh sé a iarraidh. Bhí cara aige san éan mallaithe sin a chuirfeadh in iúl dó go raibh duine eicínt ar an mbaile ag saothrú an bháis! Nach raibh fágtha ach trí lá.

Bhíodh athair Thaidhg ag obair ó dhubh go dubh, ag déanamh cónraí. An faisean céanna ag a athair roimhe. Cónra i ndiaidh cónra. Cónra os cionn cónra. Nó go mbíodh deich nó dó dhéag de cheanna déanta sa tseid ag aon am amháin.

Ní bhíodh ag Tadhg ach aon chónra amháin san iarraidh. Dhéanfadh sé an dara ceann nuair a d'fheicfeadh sé an fiach dubh ina sheasamh ar dhíon tí eicínt, ag tuar go mbeadh cónra ag teastáil i gceann trí lá.

D'fhág sin go mbíodh am le spáráil aige. Am a chaitheadh sé ag guairdeall thart ar fud an cheantair.

Bhí nós aige a bheith i gcónaí ag breathnú in airde. Ag breathnú ar dhíonta na dtithe ag dul thart dó. Ag súil go bhfeicfeadh sé éan mór dubh in áit eicínt. Ag súil go raibh duine eicínt ag saothrú an bháis. D'airigh sé an t-athrú ag sleamhnú isteach ina shaol de réir a chéile. Ag éalú. Ag sealbhú. Gan fios aige cérbh as ar tháinig sé.

Bhí faisean anois aige a bheith ag tomhas daoine a chastaí leis ar an mbóthar. Dá dtomhas ina dtroithe is ina n-orlaí ina intinn féin. I ngan fhios dó féin. An cheird ag fáil an ceann ab fhearr air. Ag fáil an ceann ab fhearr ar a intinn. Ar a chroí agus ar a anam.

Níorbh é Tadhg a dhéanadh an cinneadh a thuilleadh. Bhí gach cinneadh ag teacht ó chumhacht eile. Dá smachtú. Dá cheansú.

Bhí sé mar a bheadh sé fostaithe go lánaimseartha ag an mbás. Post a bhí mífholláin.

É féin anois mar an fiach dubh. Mar a bheadh sé féin ina sheasamh ar ard, ag breathnú síos ar mhuintir na háite. Fios aige cén chéad duine eile a gheobhadh bás.

Ní ligfeadh an t-éan dubh síos é. Níor lig fós!

Ní raibh aon chairde daonna aige. Cinnte bheannaídís dó ar an mbóthar, nó áit ar bith a gcastaí leis iad. Ach b'in a raibh ann.

Thagadh Tadhg Óg, mac lena dheirfiúr, ar cuairt chuige anois is aríst, ach bhí seisean óg. Ní thuigfeadh sé an t-uaigneas a bhain leis an gceird a bhí ar a uncail, ná an easpa cairde. Amach anseo bheadh an fear óg sin ag leanacht leis an gceird chéanna. Bhí trua ina chroí ag Tadhg don bhuachaill.

Bhí aithne ag Tadhg ar chuile dhuine ar an mbaile, agus

...ne ag chuile dhuine ar a chéile. Ach ní raibh duine amháin aige a bhféadfadh sé cara a thabhairt air.

Dá bhféadfadh sé a rún a ligean le duine eicínt. Dá bhféadfadh sé a chroí a nochtadh do dhuine eicínt eile. Dá bhféadfadh sé é a scairteadh amach os comhair an tsaoil. Dá bhféadfadh sé an ceangal a bhriseadh. É a bheith saor agus éadromchroíoch.

Ach ní raibh aon aithne ag Tadhg ar an gcineál saoil a bhí ag an ngnáthdhuine. Bhí sé ina ifreann féin ó bhí sé ocht mbliana déag d'aois. Ó thóg an fiach dubh ceannas ar a shaol. Ó chuir sé an chéad chorp i dtalamh.

⚭

Níor baineadh aon chasadh as gnáthchúrsaí an tsaoil in imeacht na mblianta. B'annamh a bhíodh dhá shochraid aige i dtrí lá, ná fiú in aon tseachtain amháin. Ar ndóigh bhí a bhealach rúnda aige le fáil amach cé chomh gnóthach is a bheadh sé. Bhí sé chomh cinnte den bhealach sin is dá mbeadh orduithe ag teacht tríd an bpost.

Bhí cónra eile déanta aige. É sásta go maith leis féin. Nó chomh sásta is d'fhéadfadh sé a bheith. É ina sheasamh sa doras ag breathnú uaidh. Bhí trí cinn de thithe le feiceáil aige ón áit a raibh sé ina sheasamh. Mar ba ghnách le Tadhg, bhí sé ag breathnú in airde, ar dhíonta na dtithe. An seanfhaisean sin nárbh fhéidir leis imeacht uaidh. An fhad is a bhí sé sa doras chonaic sé fiach dubh ag tuirlingt ar cheann de na tithe. Ní dhearna sé aon iontas de sin. Rud a bhí feicthe go minic aige.

Ansin chonaic sé fiach dubh eile ag tuirlingt ar dhíon eile. Agus ceann eile fós ar an tríú teach.

Tháinig anbhá ar Thadhg. Trí shochraid i gceann trí lá. Agus gan aige ach cónra amháin déanta. Cén chaoi a mbeadh sé réidh? Trí chónra i gceann trí lá? Ní bheadh sé de mhisneach aige cúntóir a iarraidh. Bhí mac a dheirfíre beagán ró-óg fós ag seacht mbliana déag.

Isteach leis sa teach agus bhí ar tí tosaí ag obair nuair a bhuail smaoineamh aisteach é. Líonraigh sé. Shiúil sé go sciobtha suas go hard an bhóthair. Bhí radharc aige as seo ar chuile theach san áit. Bhreathnaigh sé ina thimpeall. Bhí fiach dubh ina sheasamh ar dhíon gach tí dá raibh ann. Chuir an radharc alltacht air. Ní fhéadfadh sé seo tarlú. Ní fhéadfadh an méid sin daoine bás a fháil ag an am céanna.

Bhí rud eicínt imithe in aimhréidh. Sin nó bhí na héanacha dubha sin ag magadh faoi. Ag iarraidh é a chur amú. Dá thriáil amach. Ag tabhairt a dhúshláin.

Ach má bhíodar i ndáiríre?

Ní thógfadh sé an seans. Cén fáth nár fhan sé leis an nós a bhí ag a athair? Deich nó dódhéag de chónraí a bheith déanta aige i gcónaí. Réidh i gcomhair na hócáide.

Chaithfeadh sé oibriú ó dhubh go dubh. Go leor le déanamh, agus gan aige ach trí lá. Chaithfeadh sé oibriú gan stad. Chaithfeadh sé bheith réidh.

Bhí tormán sa tseid. Siansa sáibh agus tapáil casúir.

Is dóigh gur chuir sé iontas orthu seo a bhí cleachtach ar a mhodh oibre. Is dóigh gur cheapadar go raibh sé ag cailleadh na meabhrach. Imithe craiceáilte. Go raibh a intinn tógtha ag a cheird.

Ó, dá mbeadh fios acu. Dá mbeadh fios acu?

Ghearr sé adhmad, agus thiomáin sé tairní. Níor ith sé ná níor ól sé. Bhí dhá cheann déag de chónraí déanta aige ar maidin an tríú lá. Gan le déanamh ach ceann eile. An ceann spártha. Tháinig aisteachas ar Thadhg. B'fhéidir go raibh dubhobair ar siúl ag na héanacha dubha. Rith sé amach agus bhreathnaigh sé in airde ar a theach féin. Rith sé timpeall an tí. Faoi dhó, faoi thrí rith sé thart timpeall. Ach ní raibh tada le feiceáil ar dhíon an tí. Lig sé osna faoisimh. Nár mhaith a chuaigh sé as! Cónra amháin eile le déanamh. Dúrúch oibre aríst. Bheidís isteach go gairid le orduithe. Bheadh seisean réidh. Tadhg Óg a thug suntas do na héanacha móra dubha ag tuirlingt ar dhíon tí an adhlacóra, agus é ag tarraingt ar an teach. É dá gcomhaireamh de réir mar a bhíodar ag teacht anuas. Trí cinn déag acu. Ina líne fhada amháin ar an díon. Mar a bheidís ag cur rud eicínt in iúl dó. A gcuid sciatháin scartha amach acu.

Ní fhaca an fear óg a macasamhail ariamh ach slua ban ag tarraingt a gcuid seálanna dubha aniar ar a ndroim.

An Tuile

Bhí na fataí lánta ag Noah. Ag déanamh jabanna beaga timpeall an tí a bhí sé anois. Jabanna a ba cheart a bheith déanta le bliain, dá dtabharfadh sé aird ar a bhean. Ach bhí Noah ar nós chuile dhuine againn. Ag cur rudaí ar an mér fhada. Fág go dtí amáireach é! Déanfaidh mé aríst e! Nach bhfuil an bhliain fada aige! Bíodh an diabhal aige! Ar ndóigh ní raibh an brú céanna orthu na laethanta úd is atá orainn anois. Ní raibh fón, ná ardteist, ná teilifís, ná binsí fiosruithe, ná ceadúnais phleanála, ná cliabháin éisc, ná Harry Potter ann.

Ag ligean a scíthe cois na tine a bhí Noah, nuair a chuala sé an ríomhaire ag cur a chreatacha de. Níorbh é an dea-fhocal a tháinig as béal Noah, gan é ach théis suí.

Ríomhphost ó Dhia a bhí ann. Ag cur in iúl do Noah go raibh díle báistí ar an mbealach agus ag moladh dó fáil réidh ina choinne.

Mar a dúirt mé, ní raibh aon teilifís ann ag an am sin. Dá mbeadh, bheadh tuar na haimsire ag Noah cheana féin. Cé is moite go mb'fhéidir nach mbeadh bean na teilifíse in ann inseacht go mbeadh sé ag báisteach ar feadh dhá fhichead lá agus dhá fhichead oíche, mar a dúirt Dia sa ríomhphost!

B'in a chuir an imní ar Noah.

Ní amadán a bhí ann. Bhí a fhios aige go diabhaltaí maith go ndéanfadh an tuile seo an-damáiste. Bhí lá agus oíche sách dona. Ach dhá fhichead lá agus dhá fhichead oíche! Dhéanfadh sé sin slad! Ar na cúpla gearróg fhataí a chuimhnigh Noah i dtosach. Bhí an oiread sin trioblóide faighte aige, ag cur cúpla iomaire Roosters. Bhí sé maraithe ag pianta cnámh, agus bhí a fhios aige nach gcuideodh an fliuchán seo leis. Bhí cúpla crupach ar an gcnoc aige. Bhí dhá Aberdeen Angus ann, agus ceann acu gar do lao. Bhí cúpla caora, cúpla gabhar, géabha, cearca agus lachain aige, mar a bheadh ag duine ar bith.

Ní hiontas mar sin go raibh imní air. Cén fáth nach mbeadh, a deir tú. Chaithfeadh sé an t-eallach uilig a chruinniú in áit shábháilte eicínt.

Dá mbeadh a fhios aige cé chomh hard is a bheadh an t-uisce théis dhá fhichead lá? Ach ní raibh a fhios ag aon duine é sin ach ag fear amháin.

Chuir sé teachtaireacht ar ais chuig Dia. Bhí freagra aige ar iompú do bhoise!

Bhí an domhan uilig le bá! Ní bheadh cnoc ná gleann ná crann nach mbeadh faoi uisce!

Chuir sé iontas agus imní ar Noah.

Cén racht a bhuail Dia le go ndéanfadh sé a leithéid de rud? Chaithfeadh sé gur sheas duine eicínt ar ordóg air. Go raibh *spite* aige do dhream eicínt?

Ach cén fáth a raibh sé á ligean amach ar dhaonra an domhain? Agus céard faoi na héanacha agus na hainmhithe?

Agus cén fáth gur inis sé dósan é?

Bhí faitíos ar Noah aon cheist eile a chur ar Dhia, cé go

raibh na milliúin ag rith trína intinn ag an bpointe seo. Céard a tharlódh dó fhéin agus dá mhuintir? Céard a tharlódh don daonra? Céard a tharlódh do na cúpla iomaire a bhí curtha aige i nGarraí an Chnocáin Mhóir? An geimhreadh caite aige ag draenáil. Cén mhaith draein agus an domhan dá bhá?

B'fhéidir go raibh a fhios ag Dia go raibh an imní seo ar Noah. Is dóigh go raibh a fhios, mar chuir sé teachtaireacht amháin eile chuige. Choinnigh sé gearr é!

"Tóg bád, agus sábháil a bhféadfaidh tú."

Anois ní fhaca Noah bocht bád ariamh, é ina chónaí na mílte míle ón bhfarraige.

Ach bhí pictiúirí feicthe aige sna hirisí a bhíodh ag teacht chuig a bhean chuile mhí.

Chaithfeadh seisean bád mór millteach a thógáil.

Ach cé a thógfadh í?

Bhí a fhios aige nach mbeadh fios ag aon duine le bád a thógáil ach saor bád. Ní raibh chuile Tom, chuile Dick ná chuile Harry in ann bád a thógáil. Bhí ceird áirithe ag baint leis, agus ní ag chuile dhuine a bhí an cheird sin!

Ba é Noah a bhí buíoch anois go mbíodh sé ag breathnú ar na pictiúirí sna hirisí a bhíodh ag a bhean. Go mór mór pictiúirí de na báid. Bhí a fhios ag Noah, mar sin, nach raibh ach fear amháin a bhí in ann bád a thógáil, agus go raibh cónaí ar an bhfear sin i Maínis, i gConamara, in Éirinn.

Níor fhan Noah le torann a chos! Rug sé ar an gcolúr ab fhearr dá raibh aige. Cheangail sé nóta beag gairid de chois an cholúir, agus dúirt leis gan stopadh nó go sroichfeadh sé Maínis.

Agus níor lig an colúr síos é!

Dhá lá ina dhiaidh sin bhí sé ar ais, le nóta ó fhear

Mhaínse ag rá go mbeadh sé ar an gcéad eitleán eile as Indreabhán.

A shliocht air, nuair a thuirling Aer Árann ar stráca beag gainimh a bhí in íochtar na ngarranta, timpeall leathmhíle ó tigh Noah, ba é fear Mhaínse an chéad fhear a léim amach aisti.

Ar ndóigh, ní raibh aon duine eile ar an eitleán. Ba é mo dhuine a thiomáin í. Ach ní raibh a fhios ag Noah é sin. Agus dá mbeadh sé ag fanacht go n-inseodh fear Mhaínse dó é, bheadh fanacht fada air!

Cén fáth a n-inseodh? Ní raibh seisean ag iarraidh an géaigéara a tharraingt air fhéin.

Thosaigh Noah ag útamáil sa ngaineamh le píosa de chipín, ag iarradh a spáint don saor cén cineál báid a bhí uaidh. Ar ndóigh, níor bhac an saor leis na dindiúirí sin. Bhí sé siúd in ann bád a thógáil agus a chuid súile dúnta! Ba deacair milleán a chuir ar Noah, mar ní raibh an diabhal bocht i Maínis ariamh!

Níor inis sé d'fhear Mhaínse cé len aghaidh a raibh an bád aige, agus dúirt sé rud a chuir fonn múisce ar an soar.

Dúirt sé nach raibh sé ag iarraidh seol ná stiúir ar an mbád.

Níor chuala an saor a leithéid ariamh ina shaol. Bád mór millteach, chomh mór le stumpa de bhaile mór, gan crann, gan seol, gan stiúir?

Is fear thusa nach bhfuil a fhios agat sa diabhal cá'il tú ag gabháil, ar seisean ina intinn fhéin. Ach bíodh agat. Is tusa atá ag íoc an fhidléara.

Bhailigh Noah a raibh d'adhmad sa tír, agus rinne sé carnán de, gar don áit a raibh fear Mhaínse ag gabháil ag obair.

I gceann trí lá bhí bád tógtha ag an saor, a mbeadh áit suite inti ag leath de dhaonra an domhain.

Céad go leith slat ar fad ina cíle, chúig slata fichead ar leithead, chúig troithe déag ar airde a bhí gach stór, agus bhí sí trí stór.

Ach nach mba suarach an sórt duine a bhí i Noah, nach n-inseodh d'fhear Mhaínse cén ghraithe a bhí aige de bhád chomh mór seo, na mílte míle ón bhfarraige.

Nuair a bhí an obair críochnaithe, d'ól Noah agus an saor deoch uirthi. Lena chuid fhéin a thabhairt do Noah, ní raibh sé gortach faoin ól. *Turn* poitín a rinne sé dhá bhliain roimhe sin agus a raibh braon fanta ar thóin buidéil.

Bhaist Noah an bád ansin, agus thug sé an Áirc uirthi. D'íoc sé seacht euro déag agus sé cent le fear Mhaínse, mar luach saothair ar a chuid oibre.

Bhí corrbhraon báistí ag titim faoi seo. Corrbhraon i bhfad ó chéile.

"Tá múr air," arsa fear Mhaínse, cleachtadh mhaith aige ar an aimsir.

"Tá muis, agus drochmhúr," arsa Noah. "Is fearr duit a bheith ag bordáil leat abhaile nó beidh tú fliuch."

Ní dhearna fear Mhaínse ach a lámh a chur ina chaipín, léimneacht isteach san eitleán agus a haghaidh a thabhairt siar.

An fhad is bhí an bád á tógáil, bhí Noah agus a mhuintir gnóthach ag déanamh liostaí den lastas a thabharfaidís leo san Áirc. Liostaí de dhaoine, d'ainmhithe, d'éanacha, de phlandaí agus na mílte rud eile a thugann daoine leo nuair a bhíonn an domhan le bá.

Ní raibh aon fhadhb leis na hainmhithe. Shocraíodar ceann fireann agus ceann baineann de chuile chineál a thabhairt leo. Mar a chéile leis na héanacha.

Ach nuair a thosaigh siad ag liostáil daoine, b'in an t-am ar thosaigh an argóint. An argóint cheannann chéanna a tharla nuair a bhí a gclann mhac ag pósadh: cé a bheadh ar an mbainis agus cé nach mbeadh. Noah ag iarraidh a ghaolta siúd, agus a bhean a gaolta sise.

Tháinig siad ar réiteach ar deireadh thiar thall. Chinneadar nach ngabhfadh aon duine eile sa mbád ach an comhluadar sin acu fhéin.

Noah, a bhean, a dtriúr mac agus a gcuid ban siúd.

Thosaíodar ag stócáil nó go raibh an Áirc lán.

Bhí an bháisteach ag titim go trom nuair a bhí sí luchtaithe acu.

Bhí an t-uisce fúithi agus í ag ardú nuair a dhún Noah an doras.

D'ardaigh sí go sciobtha.

Chuaigh Noah thart timpeall an bháid, gur scrúdaigh sé chuile orlach di. Ní raibh call imní dó. Ní raibh deoir ag teacht isteach.

D'ardaigh sí agus d'ardaigh sí nó nach raibh le feiceáil thart orthu ach uisce. Uisce thoir, uisce thiar. Uisce fúthu agus uisce dá chaitheamh anuas sa mullach orthu.

Mar a bheadh Dia dá rá leis!

Ní raibh cnoc ná barr crainn le feiceáil. Bhí Corrán Tuathail agus Kilimanjaro as amharc. Báite in uisce.

Ar feadh na chéad cúpla seachtain bhí an comhluadar ag tarraingt go maith le chéile. Iad ag obair as lámh a chéile. Ag beathú an stoic is dá mbeathú fhéin. Déanadh caint agus imríodh cártaí.

Déanadh damhsa agus casadh ceol. Caitheadh tobac agus óladh tae agus caifé.

Cumadh lúibíní 'gus láibíní 'gus óra mhíle grá,
Is ní airídís an oíche nó go mbíodh sé aríst 'na lá!

Ach théis trí nó ceathair de sheachtainí thosaigh rudaí beaga ag dul in aimhréidh. Daoine ag éirí mífhoighdeach. Ag cailleadh an chloiginn go minic, ar bheagán údair. Ag éirí neirbhíseach. Ag ithe is ag gearradh ar a chéile. Ag caitheamh spallaí beaga. Mná ag cribeáil: nárbh fhéidir a dhul chuig an bpub ná chuig an ngruaigeadóir. Nárbh fhéidir a dhul chuig na siopaí. Chuile fón póca ina luí ó chluais go drioball. Gan dé iontu. Ní raibh na fir tada ní b'fhearr. Cuma an diabhail ar chuid acu. Gan fiú an rásúr acu idir iad. Féasóg go himleacán ar chuile mhac máthar acu. Iad gruama, dorcha, gangaideach.

Briseadh ag teastáil uathu má b'fhíor dóibh fhéin. An iomarca brú, mar dhea. Ach dá dhonacht dá raibh na lanúineacha óga, bhí Noah agus a bhean seacht n-uaire ní ba mheasa.

Bhí dúil an diabhail ag Noah sa tobac, agus dúil an diabhail ag a bhean sa tae. Bhídís i gcónaí ag argóint. Chuaigh rudaí chomh fada gur dhúirt Noah léi go roinnfeadh sé feac na láí léi mura gcoinneodh sí tobac leis. Chaith sé ina béal go mion is go minic an dúil a bhí aici fhéin sa tae.

Thugadar chuile ainm ar a chéile.

Bhí an chlann ag fáil tuirseach de na hargóintí seo. Bhí faitíos orthu go scarfadh a muintir óna chéile dá dtéadh an scéal rófhada.

"Cumfaidh duine eicínt amhrán faoin mbeirt agaibh lá eicínt," a deir an mac ba shine.

"Déanfar bothae díbh is magadh. Beidh daoine ag casadh an amhráin go brách na breithe. Bhur gclann fhéin a bheas dá gcasadh, agus clann a gclainne."

Chuir an chaint sin imní ar Noah; bheidís náirithe. Rinne sé cinneadh, ag cruinniú beag a bhí acu, nach mbeadh sé ag argóint lena bhean níos mó.

Maidir leis an mbean, an díthreabhach, bhí a sláinte ag cliseadh uirthi agus í ag imeacht as go mór. Ba chosúil le slat mhara a cuid loirgíní caola. Chaithfeadh sí an lá ag slíocadh *poodle* de ghadhar a bhí aici. Dá luascadh fhéin anonn is anall. Ag crónán go híseal léi fhéin. Ag caitheamh i ndiaidh an ghairdín a bhí ar chúl an tí sa mbaile.

Bhí sí ag tógáil Prozac agus Valium ón gcéad tseachtain san Áirc. Bhí an miosúr drugaí dúbailte faoi dhó théis ceithre seachtainí. Bhí sí dá slogadh ar nós Smarties nuair a bhí chuig lá dhéag is fiche caite.

Bhí anbhá ag teacht uirthi ar fhaitíos nach mbeadh a dóthain taibléidí aici. De réir mar a bhí an anbhá ag dul i ndonacht, ba mhó an méid taibléidí a thógadh sí. Bhí sí ag teannadh gar do thóin an bhuicéid, ag guí go stopfadh an bháisteach go luath.

Maidir le Noah, an fhad is bhí cúpla canna *lager* agus tobac aige bhí sé togha. Go deimhin ní mórán a bhí sé in ann a ól ar aon bhealach. Trí channa is ba é a dhóthain é, cé is moite nach raibh aon dochar sa diabhal bocht ar a chuid óil.

Ach ní raibh an chlann mar sin! D'ólfaidís an chrois den asal.

Agus na mná! Iad fhéin agus a gcuid *gin and tonics*.

Ní mórán caoi a bhíonn ar bhád ar bith nuair a bhíonn an comhluadar ag ól. Íocann duine eicínt nó rud eicínt as ar deireadh.

Sa gcás seo ba iad na hainmhithe agus na héanacha bochta a bhí siar leis. B'iomaí oíche a chuadar a chodladh ina dtroscadh, na créatúir. A shliocht orthu, bhíodar uilig ag cailleadh meáchain. Cuid acu agus a gcuid easnacha ag bualadh faoi chéile cheal greim le n-ithe. Ag Dia atá a fhios céard a tharlódh dá gcaithfidís i bhfad eile sa mbád. Is iontas é nár itheadar fhéin a chéile. An cat ag breathnú go hocrach ar an luch. An leon fíochmhar ag faire ar an ngasail. An seabhac ag coinneáil súil ar an spideoigín. An liopard ag líochán a bheola, ag faire ar bhean an mhic ab óige.

Fiú an mac ba shine, nach bhfuair Noah greim air agus é ag brath ar an gcloigeann a chasadh ar choinín!

D'íosfaidís fhéin a chéile, murach go dtug Dia dó go ndearna sé aiteall, théis dhá fhichead lá is dhá fhichead oíche.

Ní raibh a fhios ag Noah sa diabhal cá raibh sé nuair a stop an bháisteach. Bhí aiféala anois air nach dtug sé aird ar an mac nuair a dúirt se leis *radar* a chur san Áirc.

Bhí sé mall anois.

"Nach mé aghaidh na bróige," arsa Noah leis fhéin, ag fuarchaoineachán.

"Ba cheart dom a dhul isteach i gcúinne eicínt agus *round* maith ciceannaí a thabhairt dom fhéin san áit a n-aireoinn iad."

Ach ní dheachaigh, is níor thug.

D'fhéach siad soir, is d'fhéach siad siar, is d'fhéach siad ar Dhia iad a chur ar a leas.

Ní raibh neach beo eile le feiceáil in aon áit ar fud an domhain.

ᴐn a fhios acu an ísleodh an t-uisce nó nach ᴐodh. Ní raibh a fhios acu an bhfeicfidís an talamh tirim aríst go brách. Ní raibh a fhios ag aon duine é sin ach ag aon fhear amháin, agus ní raibh aon ríomhaire san Áirc!

Ach bhí intinn Noah chomh staidéarach is gur bheartaigh sé ceann de na colúir (an ceann fireann) a scaoileadh amach as an Áirc, féachaint an éireodh leis talamh a aimsiú in áit eicínt.

Rug sé ar an éan agus chaith sé suas san aer é. D'éirigh an colúr go hard san aer. Thosaigh sé ag ciorclú thart os a gceann. Ar ndóigh, ní raibh a fhios aige cá raibh soir, ná cá raibh siar.

Ach d'imigh sé leis ar deireadh thiar thall agus gan a fhios aige an soir nó siar a bhí a aghaidh.

Bhíodar ag fanacht aríst! Théis dhá fhichead lá agus dhá fhichead oíche a bheith caite ag fanacht cheana fhéin.

D'imigh lá agus oíche. D'imigh dhá lá agus trí lá. Ach ní raibh fiú an t-éan le feiceáil sa spéir. D'imigh cheithre lá, agus chúig lá.

Ní raibh ionga méire ná ionga ordóige fágtha ar Noah. É ag brath ar tosaí ar ingne a choise. Bhraith sé tosaí ar ingne a mhná, ach ní raibh sé ag iarradh achrann eile a tharraingt.

Bhí na hainmhithe ag méileach, ag grágaíl, ag tafann, ag geonaíl, ag bladhrúch, ag géimneach, ag búiríl, ag bromanaíl, ag casacht, ag sraothartach. Bhí sé ina ghearradh meaingils freisin ag an gcomhluadar, a bhí cruinnithe ar deic ag faire na spéire.

Bhí an tobac caite. Bhí an tae ólta. Bhí an *lager* ólta. Bhí na taibléidí slogtha. Bhí an chrois ólta den asal bocht.

Bhí rudaí ag breathnú go dona dáiríre.

Na diabhail bhochta!

Ach fan! Céard seo?

An éan é siúd ag teacht chucu tríd an aer?

Ní hea! Mearú súl atá ann!

Ach fan! Foighid ort! Fan nóiméad! Céard eile a bheadh ann?

Éan! Colúr!

Ó, nárbh é Noah a changail an ordóg nuair a chuir sé amach an colúr fireann! Fios maith ag an gceann sin cá raibh an ceann baineann! Chonaiceadar ag teacht chucu é, ag déanamh caol díreach ar an mbád!

Ansin a thosaigh an pléaráca agus an rírá agus an ruaille buaille!

Agus an cur i gcéill.

Noah agus a bhean ag fáisceadh a chéile go muirneach. É ag rá go ceanúil léi gur gearr anois go mbeadh neart tae aici. Go gceannódh sé a raibh de *tea bags* sa tSín di. Go gceannódh sé Lyons agus Barrys agus chuile chineál eile. D'fhéadfadh sí a bheith dá ól nó go maródh sé í.

Ise ag rá leisean go ceanúil go bhféadfadh sé a bheith ag caitheamh tobac nó go dtiocfadh an deatach amach ina chluasa! Cheannódh sí *plug*, ní hea, ach bosca Condor dó, agus bosca Mick McQuaid, agus píopaí draighin. Ní thógfadh sí fhéin aon taibléid aríst go brách!

Bhí na fir óga agus na mná óga ag damhsa le lúcháir. Seiteanna agus leathsheiteanna agus válsaí ar an sean-nós.

Ní dheachaigh siad thar fóir, mar bhí na mná uilig ag súil le páiste.

Agus i rith an ama bhí an colúr ag teacht níos gaire agus níos gaire. An t-éan luachmhar sin a spáinfeadh an talamh dóibh aríst.

Leis an éirí in airde a bhí faoi Noah agus a mhuintir, níor thug siad faoi deara go raibh an t-uisce ag ísliú. Níor thugadar faoi deara go raibh barr cnoic ag éirí as an uisce taobh thiar dóibh.

Ach ní air a bhí a n-aird.

D'ísligh an colúr agus rinne caol díreach ar an áit a raibh a mháistir. Shín Noah amach a lámh, agus luigh an colúr traochta spíonta ar bhois a láimhe.

Agus céard seo?

Tá rud eicínt ina ghob ag an éan. Tá siad uilig cruinnithe thart ar an éan bocht. "Sin duilliúr crainn," a deir duine den chlann.

"Sea, go cinnte. Duilliúr glas, fáiscthe ar a chéile sa ngoibín."

Tá glas fiacla ar an éan bocht. Is léir go bhfuil na mílte míle taistil déanta ag an gcolainn bheag sin, leis an mbeart luachmhar.

Osclaíonn Noah an gob go cúramach, cineálta. Tógann amach an duilliúr as an oscailt.

Sea, go cinnte. Is de chrann a tháinig an duilliúr seo. Crann beo, glas.

Céard é sin? Titeann giota beag de pháipéar amach as an duilliúr.

Ach cén chiall atá leis seo? Nár dhúirt Dia go raibh an domhan uilig le bá! Nach raibh an domhan báite! Nach bhfaca siad an t-uisce! Iad ag snámh ann le dhá fhichead lá, agus dhá fhichead oíche! Nárbh é Dia fhéin a dúirt!

Cromann Noah agus tógann an giota páipéir den deic. Ar éigean atá sé in ann díriú. Breathnaíonn sé ar an bpáipéar. Croitheann sé a cheann. Síneann sé an páipéar chuig an mac is óige.

Eisean an t-aon duine den chlann atá in ann Gaeilge a léamh. (Bhí cúrsa Gaeilge déanta aige.)

Léann sé amach os ard:

"Tuilleadh diabhail anois agat, nár chuir stiúir agus seol uirthi!"

An Brogús

Ba chosúil le nioscóid ar dtús é. Nioscóid bheag nach mbeadh mórán aoise aici. Bioránach, a mbeadh brach déanta go luath aici. A phléascfaí de thimpiste, b'fhéidir. Log beag fágtha sa gcraiceann théis a ligean. B'in a raibh ann ar dtús. Níorbh fhiú deich dtriúf é le breathnú air. Bhí sé chomh suarach sin nach mbreathnófá an dara huair air. Gan dochar ar bith faoin domhan ann ag an bpointe sin. Dá bhfanfaidís mar sin i gcónaí, ní bheadh rudaí chomh dona. Ach méadaíonn siad, na bastardaí. Méadaíonn siad agus leathnaíonn siad. Cuireann siad guaillí orthu fhéin. Cuireann siad amach a dteanga is tú ag dul tharstu. Bháfaidís thú dá mbeadh a ndóthain uisce acu.

Bhí barúil an diabhail aige seo dó fhéin ón tús. Ní fios cén fáth. Ní raibh tada áirithe ag baint leis. Ach mura raibh *high notions* aige, níor lá go maidin é. Cheapfá gur throid a sheanathair ag Cath na Binne Boirbe. Nó go ndearna duine eicínt dá shliocht éacht mór millteach. Go raibh sé de cheart aige fhéin a bheith ag maíomh as. Éirí os cionn na coitiantachta. Go raibh fuil ársa ag rith istigh ann. Brogús camphusach a raibh an iomarca éirí in airde faoi. Ag ceapadh gur as a thóin fhéin a d'éiríodh an ghrian. B'fhéidir gur cheap sé, ina intinn míoltóige, go dtarraingeodh sé meas na ndaoine air féin dá mbeadh fuinneamh ina thóin.

An créatúr. Dá mbeadh a fhios aige. Ba é a mhalairt a bhí fíor. Ní raibh meas an ghadhair ag aon duine air. B'fhearr leo an diabhal fhéin lena chuid adharc ná an próiste seo a bheith sa gcosán rompu. Cén bhrí, ach ní raibh aon duine ag cur chuige ná uaidh. É fhéin a tharraing a racht air fhéin. É fhéin is a chuid mímhúineadh. An ghráin shíoraí acu anois air. É faoi tharcaisne acu. Chuirfeadh sé gadhar gan tóin ag cac, a deir duine eicínt. Agus, m'anam, nach raibh an duine sin i bhfad amach.

Ní raibh a fhios cé a thug Brogús air an chéad lá ariamh. Dá mbeadh breith ar a n-aiféala ag daoine, ní bhaistfí ar chor ar bith é. Ba dhona an oidhe air ainm a bheith air. Ach bhí an dochar déanta. Go leor ag caitheamh i ndiaidh an bhraon uisce a buaileadh sa mullach an lá sin air. B'iomaí áit ní b'fhearr a d'fhéadfaí an t-uisce sin a chur. Ach níl breith ar an gcloch ó chaitear í. Bhí ainm air, agus d'fhan sé air.

Ní raibh a fhios ag aon duine cé as a dtáinig sé. Dúradh go dtáinig sé go hÉirinn leis na Normanaigh. Go mba é a sheas le Strongbow an lá ar phós sé. Daoine eile ag rá gur Gaeilgeoir a bhí ann, a fágadh de dhearmad nuair a chuaigh an chuid eile abhaile. Dúradh go mba é a rinne na seaftaí a bhí ar an gcarr asail a bhí ag Sean-Phádraic Ó Conaire. Dúradh go mba é a chuir an crann úll a bhí i nGairdín Pharthais. *Smart alec* eicínt a dúirt go mba é Caislín Cloch a bhí mar athair aige – caithfear a rá nár chreid é seo ach corrdhuine.

Go hiondúil bíonn chuile eolas ag fear an phosta. Agus, mo léan, bíonn na ráflaí ann. Go raibh litreacha ag teacht as Meiriceá.

Go raibh sé ag fáil pinsean Shasana de bharr a chuid

blianta ar an m*beet*. Go raibh litreacha *register*eáilte ag teacht go rialta. Go raibh sé san IRA fadó. Dúradh go leor. Agus bhí go leor leor nár dúradh.

Gar don óstán a chuir sé faoi, thar áiteacha an domhain. Dá mbeadh sé in aon áit eile, b'fhéidir nach mbeadh rudaí chomh dona. Mar, séard a bhí ann ná deargscaibhtéara. Bhí faisean an diabhail aige a bheith ag breith ar chosa ar dhaoine. Cúplaí óga nach raibh ach ag dul amach le haghaidh an chraic ag an deireadh seachtaine. Seanchúplaí nach raibh lúth na gcos go maith acu mar a bhíodar. Chuir sé seo stop le go leor acu, an chuid nach raibh in ann a ghabháil thar an bóthar eile. A theacht aniar aduaidh air.

Bhí deár an diabhail aige ar bhróga sálaí arda. Gan mórán airde ar bhróga *foundry* ná bróga FCA. É ag cur drochbhail ar a gcuid éadaigh freisin, nuair a thitidís. Bhí sé ráite gur tigh Anthony Ryan a cheannaíodh sé fhéin a chuid éadaigh, bíodh sé fíor nó ná bíodh.

Úinéirí an óstáin a tharraing an cruinniú. Bhí an titim sa *till* tugtha faoi deara acu. Chaithfí rud eicínt a dhéanamh faoin mBrogús. Sin nó an t-óstán a dhúnadh.

D'oibrigh siad an cloigeann air. Chuir siad bus amach. Ní raibh beann ar bith ag an mbus air. Thug sí lucht an chruinnithe go doras an óstáin. É fhéin ag tochas a mhullaigh nuair a chonaic sé an bus ag gabháil thairis. Céard a bhíodar a phleanáil? An faoi fhéin a bhí an cruinniú? An raibh rún é a dhíbirt? É a chur as seilbh. É a bhaghcatáil. Ar cheap siad go raibh diomar air?

Tharraing an cruinniú caint. Agus argóintí. Ar feadh seachtaine ina dhiaidh sin bhí lucht páipéar is raidió is teilifíse ag triall ar an gceantar. Ina bplódaí. Ag iarraidh agallamh. Ag tógáil pictiúirí. Ag tairiscint breabanna. Ag

ceannacht deochanna do chuile dhuine san óstán. Rinne an
t-óstán go maith air. Gach a raibh de sheomraí ann tógtha.
Airgead maith á íoc. Baraillí pórtair dá n-ól ar nós uisce.
Ceoltóirí ag tarraingt ar an áit as chuile cheard den tír.
Teachtaí dála agus seanadóirí. Campaí acu seo nach raibh
áit san óstán dóibh. Caint mhór go raibh an tUachtarán ag
teacht. Gan duine amháin fhéin fágtha i gceannas na tíre. Í
fágtha ansin léi fhéin gan duine ná deoraí ag breathnú
amach di. Ní raibh tásc ná tuairisc ar an mBrogús. Chinn orthu
agallamh a fháil leis. Chinn orthu a phictiúr a fháil. Théis a
raibh de chaint déanta faoi. Théis a raibh de dheochanna
ólta air. Théis a raibh d'airgead déanta air. Anois ní raibh
tásc ná tuairisc air.

D'imigh lucht na bpáipéar. D'imigh lucht na teilifíse.
Burláladh na campaí is d'imigh chuile dhuine de réir a
chéile. Chruinnigh gasúir na buidéil fholmha is na
gloineacha briste. Tháinig an áit chuige fhéin. Tháinig
misneach do dhaoine. Thosaigh siad ag siúl chuig an óstán
aríst ag an deireadh seachtaine. Gan scáth gan faitíos.
Muinín acu astu fhéin aríst. Iad níos dána anois. Beagán
leitheadach, fiú. Á rá nach raibh faitíos ariamh orthu. Nach
raibh siad ach ag ligean orthu fhéin.

Céard faoin bpoiblíocht a fuair an ceantar? A n-ainm i
mbéal an domhain. An áit ar an mapa acu!

Ach rinne Julia Shéamais praiseach den scéal, ó
b'annamh léi a ghabháil amach.

Níor chreid Julia an scéala ó thús deireadh go tosach.
Chreid sise nach raibh sa rud uilig ach samhlaíocht. Nach
raibh sé ach á fheiceáil do dhaoine. Daoine nach raibh tada
eile ar a n-aire.

Ach ba gearr gur chreid sí, nuair a rug an Brogús ar chois uirthi is í ag teacht abhaile ó chuartaíocht.

Agus marach chomh súpláilte is bhí sí, diabhal fata a changlódh sí choíchin. Níor fhan ag an mBrogús ach an bhróg. Thug sí na cosa léi ar éigean. Ar ndóigh, rinne sí scéal an ghamhna bhuí de. Ag rá gur rug sé ar dhá chois uirthi. Gur tharraing sé an t-éadach di. Nár fhág sé folach uirthi. Go raibh sí chomh nocht le pláta. Go raibh slaitín saileach aige á lascadh sa tóin. Go dtug sé dath dearg uirthi. Go mb'éigean di éalú abhaile ar chúl na gclaíocha le náire go bhfeicfí í. Nach b'fhéadfadh sí a héadan a thaispeáint sa gceantar aríst go brách. Dá mba fear í, deir sí, ní dhéanfadh sé a leithéid. Ach bhí deár an diabhail aige ar bhróga sálaí arda.

Chuadar níos faide leis an scéal an iarraidh seo. Chomh fada ó bhaile le Stáit Aontaithe Mheiriceá.

NASA a chuir anall an eagraíocht a thug an CRA orthu fhéin. Cuardaitheoirí Rudaí Aisteacha, a mhínigh duine acu nuair a cuireadh an cheist air. Saineolaithe a bhíodh ag scrúdú UFÓanna agus na ráflaí a bhain leo. Bhíodar an-cheirdiúil lena gcuid ceisteanna: Cé a chonaic an Brogús ar dtús? Cén lá? Cén t-am den lá a bhí ann? An raibh gaolta aige i Meiriceá? An raibh cliamhaineacha aige? An *bicycle* fir nó *bicycle* mná a bhí aige? Bhfuil cárta leighis aige? Má tá, cén uimhir atá air? Cén teacht isteach atá aige? Arbh fhéidir a theacht ar P60 nó fiú P45 le heolas a bhaint as? Cén áit a dtéadh sé chuig an leithreas? An raibh sé fireann nó baineann? An *transvestite* a bhí ann?

Ceisteanna mar seo ar chréatúir nár cheannaigh *transvestite* ariamh. Nár chaith an *drawer* fhéin, cuid acu.

Coicís go díreach a chaith na *Yanks* san áit. D'imigh siad leo ansin agus a ndrioball idir a gcosa deiridh acu. *Report* mór eile le haghaidh dusta an Phentagon a chruinniú. Bheadh cruinnithe rúnda ag an Secret Service ina thaobh. Chaithfí an scéal a choinneáil ón Uachtarán. Ní chuideodh sé leis an gcaidreamh idir Meiriceá agus an tSín. Bhí rudaí sách *tender*eáilte mar a bhíodar. Chaithfí ceangal na gcúig gcaol a chur ar an eolas seo a bhí bailithe faoin mBrogús. Dhúnfaí an *file*. Cead fuarú a thabhairt dó. D'fhéadfaí é a athoscailt sa mbliain 2098. *Ace in the hole* a bheadh ann. Go mór mór dá mbeadh gorta dá phleanáil do North Korea. Níos tábhachtaí fós, d'fhéadfaí a theacht ar ais chuige dá mbeadh ganntan ola ann. Idir an dá linn, b'fhearr é a phlugáil.

Sa bpríomhchathair a bhí an tOireachtas an bhliain sin. An halla plódaithe le daoine. Ag éisteacht le Comórtas na bhFear. Iad leath bealaigh nuair a glaodh ar an mBrogús. B'in an t-am ar baineadh stangadh as an lucht féachana. Agus as an dream a bhí sa mbaile, a gcluasa bioraithe acu ag éisteacht leis an raidió.

Cé a chuir isteach a ainm? An ag magadh a bhíodar? Cén bealach a bhí go Bleá Cliath aige? Ar shiúil sé é, mar a rinne Bríd na nAmhrán fadó?

Baineadh fad as muiníl an oíche sin. Ag breathnú thart, ag súil le radharc a fháil air. Iad ag luí is ag éirí. Ag útamáil. Ag casacht. Ag cogarnaíl.

Ach níor fhreagair mo dhuine a ghlaoch. Ní bheidh a fhios go brách cé a chuir a ainm ar aghaidh. Ní bheidh a fhios go brách an raibh amhrán aige nó nach raibh. Ní bheidh a fhios go brách cé thug go Bleá Cliath é, má bhí sé ann.

Bhí go leor ag rá (cé gur i gcogar é, nuair a bhíodh na gasúir gaibhte a chodladh) go raibh baint éicint ag an CRA leis. Sórt baoite, a deir duine éicint. Ag ceapadh go mbéarfaidís air nuair a bheadh sé leath bealaigh thríd an amhrán.

Bhuail drochfhliú é seachtain théis an Oireachtais. Bhí sé cragtha ceart. A chliabhrach plúchta. Cáirseán aisteach ann mar a bheadh coileach a mbeadh triomach air. Bhí fadhb aige leis na duáin is é ag fual ina threabhsar. Daoine ag rá gur fliuchán a fuair sé ar an mbealach go Bleá Cliath (má bhí sé ariamh ann). Daoine ag rá go raibh sé ag fáil a chuid fhéin ar ais. Go ndearna Julia Shéamais eascaine air. É rómhaith aige, deir cuid acu. Bá is múchadh air, ag cuid eile. Ach tháinig sé thríd. D'fhéadfá a rá go dtáinig. Gan banaltra gan dochtúir. Gan cóir leighis.

Ní féidir an drochrud a mharú. Nár dhúirt siad ariamh é. É níos mó anois ná a bhí sé ar dtús. É ar a sheanléim aríst. Ar ais ag na cleasanna céanna. Ag baint na gcosa uathu taobh amuigh den óstán.

Tharraing an sagart anuas é ag aifreann an Domhnaigh. Níor cheap aon duine gur faoin mBrogús a bheadh an tseanmóir. Dá mbeadh a fhios acu é, is cinnte go mbeadh teach an phobail lán go doras. Ach ní ar an mBrogús a lig an sagart a racht. Ach ar an dream a bhí ag tarraingt ar an óstán. Fanaigí glan ar an óstán, a phaca diabhal, a deir sé. Fanaigí glan ar an óstán agus ní chuirfidh sé chugaibh ná uaibh. Tá sibh ar bhealach bhur n-aimhleasa, a phaca diabhal. Labhair sé go bagrach agus chuir sé fainic orthu. Dúirt sé go gcuirfeadh sé adharca ar chuile mhac máthar acu. Chreid cuid acu é. Chuaigh lámh anseo is ansiúd go baithis. Dúirt sé go ruaigfeadh sé amach as an Eaglais iad. "Na damantaigh" a thug sé orthu. Cúr lena bhéal. A chuid fiacla ag gíoscán. Ní bhfuair sé siúd locht ar bith ar an mBrogús. Shílfeá gur trua a bhí aige dó. Gan aithne ar bith aige air. A shliocht air; b'fhurasta a raibh ar an bpláta a chomhaireamh an lá sin.

Chlis ar an CRA. Chinn ar an Secret Service. Bhí an teilifís agus lucht na bpáipéar théis loiceadh orthu. Bhíodar i ngábh. Agus, anois, bhí an sagart théis a chuid cártaí a leagan ar an mbord.

Deirtí nár ól an Brogús tada ariamh níos láidre ná Ballygowan. Má d'ól sé tada eile ba ar an g*quiet* a d'ól sé é. Ach nach hin iad is measa.

Bhí rud amháin cinnte: bhí tionchar ag an ngealach air. Bhíodh sé deas múinte sibhialta nuair a bhíodh an ghealach lán. É chomh nádúrtha is a chonaic tú ariamh. Ach nuair a théadh an ghealach ar gcúl, b'in an t-am ba chontúirtí é. *Antichrist* ceart a bhí ansin ann. Collach nárbh fhéidir drannadh leis. Bhí daoine den tuairim gur chreid an Brogús nuair a théadh an ghealach ar gcúl nach bhfillfeadh sí.

Ach théis an méid sin agus théis go raibh an diabhal istigh ann, bhogfadh sé an croí ba chrua an lá ar stop leoraí na Comhairle Contae os a chionn. Nuair a d'oscail siad an clár deiridh. Nuair a scaoil siad scuaid tearra is clocha beaga siar ina chlab, a dhún a bhéal go brách.

Ba chosúil le nioscóid ar dtús é. Bioránach, a phléascfaí de thimpiste. Log beag fágtha sa gcraiceann théis a ligean. Dá bhfanfaidís mar sin ní bheadh rudaí chomh dona. Ach méadaíonn siad, na bastardaí. Méadaíonn siad.

Aois na Céille

Shiúil an sionnach óg go humhal i ndiaidh na máthar trasna an chriathraigh le taobh na coille. An ghrian go hard sa spéir fós. An t-ocras a thug as an gcoill iad chomh luath sa tráthnóna. Gortach go maith a bhí an choill chéanna le blianta beaga anuas. Thuig an mháthair é seo, ach níor thuig an coileán. Ní raibh taithí na mblianta aige mar a bhí ag an máthair. Ba mhinicí a bolg folamh anois ná a mhalairt. É ag fáil níos deacra chuile shéasúr. Na hainmhithe beaga blasta a bhíodh sa gcoill, níorbh ann níos mó dóibh. Gan an giorria féin le feiceáil ach go hannamh. Dá mbeadh féin, ní raibh an fuinneamh inti a thuilleadh tabhairt faoi ghiorria.

Bhí na blianta ag breith uirthi. A colainn treafa ag an aois. Í ag críonadh. Gan í in ann ach do choileán amháin i mbliana. An dara coileán caillte uirthi de bharr cíocha folmha. Ní raibh a cloigeann chomh huaibhreach anois. Ag titim i dtreo na talún le himeacht ama. Gan ar a cumas a bheith chomh hairdeallach. Í ag síoréisteacht le fothram ar bith a bhí le cloisteáil ina timpeall. Aireach ar a peata a bhí ag brath chomh mór sin uirthi fós.

B'fhada léi go mbeadh sé in acmhainn soláthar dó féin. Ach chaithfeadh sí a bheith foighdeach, mar a bhíodh sna blianta eile sin. Gan í in ann aon spórt a dhéanamh leis, rud a mbíodh sé ag súil go minic leis.

Shiúil sí go mall, tromchosach trasna an réisc. É ag dul go crua uirthi na lapaí a chrochadh. Mar a bheadh an riasc ag iarraidh í a choinneáil dó féin. Í a shú síos i mbolg an phortaigh a bhí ag fanacht thíos. Í go tnáite, traochta, spíonta cheana féin agus gan í i bhfad ón gcoill fós.

Chas sí a ceann agus dhearc go muirneach, geanúil ar a maicín a bhí leis na sála aici. Dreach an ocrais air. Dá mbeadh sé in ann soláthar dó féin, ní bheadh uirthi a bheith ag crágáil mar a bhí. Cuireadh an croí trasna inti nuair a chuala sí an phléasc. Pléasc a bhí cloiste go minic cheana aici. Cúpla bliain ó shoin chaill sí mac le pléasc mar sin. Thit sé ina chnap, gan fiú sian a chur as. Gan am aici fanacht. Nuair a chuaigh sí ar ais tamall ina dhiaidh sin, ní raibh tásc ná tuairisc air. Ón mboladh a fuair sí ar an láthair, bhí fios aici go raibh a maicín imithe agus nach bhfeicfeadh sí aríst ina bheo ná ina mharbh é.

Rinne sí gnúsacht bheag ina scornach. Í ag iarraidh rith níos tapúla ná mar a cheadaigh a cosa. Chuala sí an coileán leis na sála aici.

Nuair a chonaic sí an fear as taobh a súl, thug sí rabhadh beag don choileán, agus as léi, fiarthrasna, i dtreo an fhir, an coileán sa treo eile.

Chaithfeadh sí an coileán a shábháil. Seachmall a chur ar an sealgaire, rud a rinne sí go minic cheana. Bhí a hintinn muiníneach, ach níor aontaigh an corp leis an intinn anois. Ní raibh an dá bhall ag tarraingt ar aon bhuille.

Stop sí ar chúl tom aitinn, agus lig síos í féin ar a bolg. A teanga scaoilte amach aici, í ag análú go trom.

:aigh scíth go géar uaithi. Níor mhothaigh sí an tuirse i gceart nó gur luigh sí. Ní raibh fonn uirthi éirí. Bhí seanchleachtadh aici ar an tseilg, ach ba rud nua an tuirse. Bhí scéin ina cuid súile ag faire ar an bhfear ag siúl i dtreo a folaigh. Í ag smaoineamh ar an lá sin sa mbrocais agus an chonairt ag cartadh go fíochmhar ag béal na pluaise. Iad ag méadú an phoill go hocrach. Gach ré geoin astu. Ise sáinnithe. Ag cúlú go faiteach nó nach raibh sí in ann cúlú a thuilleadh. A croí ar tí pléascadh amach trína cliabhrach. Na bioraí iarainn ag teagmháil lena cuid fionnaidh. Rútaí crainn a thug as an ngábh í an lá sin. Ní raibh na cuití in ann dul tharstu. Iad féin ansin ag cúlú go drannach.

Ní fhaca sí aon chú le cois ag an bhfear a bhí ag teannadh léi. Ach go tobann d'athraigh sé a threo! Bhí sé anois ag dul bealach eile. A dhroim léi tar éis tamaill bhig. Lig sí osna bheag faoisimh. Dá mbeadh cúití leis, ní bheadh ar a cumas iad a chur ar seachrán. Ní bheadh an fuinneamh inti anois tabhairt faoi rud a thagadh go nádurtha nuair a bhí sí aclaí agus níos óige. Bhí lá ann agus ba ise an cleasaí a chuireadh amú iad. Ba aici a bhí an éirim aigne. An buntáiste aici i gcónaí. Ach anois . . .

D'iompaigh sí a cloigeann go tobann, nuair a chuala sí cipín tirim ag briseadh i ngar di.

An rabhadh bunúsach a bhí aici ón nádúr, a spáineann go bhfuil contúirt i ngaobhar. Ach níor chabhair di an nádúr a thuilleadh. Bhí a hinstinn dá tréigean de réir a chéile.

Chonaic sí na cosa ar dtús. Nuair a d'ardaigh sí a cloigeann chonaic sí súile móra an bhuachalla óig ag stánadh uirthi, a bhéal ar leathadh. Thug sí stracfhéachaint go leataobh de sciotán. Ní raibh aird an fhir uirthi ar chor ar bith. É ag treabhadh leis, treo eile. Bhreathnaigh sí ar an mbuachaill aríst. É ina staic fós. Faitíos uirthi go gcuirfeadh sé béic as nóiméad ar bith. An fear a chur san airdeall. Ach ní dhearna. É ag stánadh mar a bhí ó thús. A bhéal ar oscailt. Chonaic sí é ag crochadh a láimhe gur leag a mhéar ar a bhéal. Gan fios aici cén fáth a bhí leis. Í réidh le léim a thabhairt go leataobh dá gcuirfeadh sé cor as. Mhothaigh sí ar bhealach eicínt nach raibh aon chontúirt sa mbuachaill. Bhraith sí tuiscint eicínt eatarthu. Mothúchán domhain ag taisteal anonn is anall. Rud a cheap sí nach raibh ach ag a cine féin. Rud a rinne aimhreasach í. Níor thrust sí daoine ariamh, ach bhraith sí sábháilte leis an duine seo. Gan fios cén fáth.

B'fhéidir a hinstinn a bheith ag meath le haois. Í ag smaoineamh gur botún a rinne sí a ríocht foraoise a fhágáil níos luaithe ná mar a dhéanadh sí fadó. Ach ar dhá bholg folamh, ní raibh rogha aici. Agus ní raibh sí chomh muiníneach níos mó ag fiach i ndorchadas na hoíche. Bhí am ann agus ba í an oíche a cara. Bhí am ann agus ní chuireadh sí suim dá laghad sa gcú ba mhire. Gan de mhisneach anois aici a dhul i bpúirín na gcearc ar fhaitíos go mbeadh gadhar mór dranntach, fiáin sa gcomharsanacht. Bhí na seanlaethe imithe agus ar ais ní thiocfadh. Níor thuig sí an t-athrú a bhí tagtha ar an dúlra. Chomh folamh is a bhí an choill. Chomh gann is a bhí ainmhithe eile. Níor thuar sí ariamh go mbeadh sí ag tabhairt cúl le cine agus i dtuilleamaí an bhosca bruscair. Go mbeadh sí ag brath ar pheataireacht agus ar dhéirce an duine. Agus féach anois, an duine agus í taobh le taobh.

〜

Thosaigh an buachaill ag cúlú go mall, go haireach. Mar nach mbeadh fonn air torann a dhéanamh. Bhí fios aici anois nár bhaol di an buachaill. Shiúil seisean go leataobh, agus thug a aghaidh sa treo a ndeachaigh an fear. D'éirigh sí dá bolg agus shiúil ar aghaidh go mall. Trí thomacha aitinn a bhí buí le bláthanna. Í ag tarraingt tríd an aiteann a bhí gar don talamh. Na deilgne dá stróiceadh san áit a raibh cuid den fhionnadh imithe dá craiceann. Bhí spotaí móra maola ina craiceann le fada. An cóta sleamhain ríoga a bhíodh uirthi, é scáinte agus ag titim ina scraitheacha di. Dá fhágáil i ndriseacha, in aiteann agus tom ar bith a bhí géar. Scead anseo is ansiúd. Náire uirthi í féin a spáint do na sionnaigh óga eile a bhí sa gcoill.

Bhí sí leath bealaigh síos an cnocán nuair a tháinig an boladh aitheanta ina polláirí. Boladh fáilteach. Dinnéar.

Stop sí ar an toirt. Lig síos ar a bolg í féin. Chuir a srón san aer agus bholaigh. A polláirí ag méadú agus ag laghdú.

Chas sí go leataobh de bheagán. Í ag taisteal go cúramach, ciúin i dtreo an bholaidh.

Idir dhá thom bheag aitinn a chonaic sí an coinín. Pataire óg beathaithe. Uisce ag sileadh lena béal ag breathnú air. Murach a haois, bheadh spóirt aici leis an gcoinín seo. Píosa cleitínteachta. Í ar thaobh an fhoscaidh. Gan fios dá laghad ag an gcoinín go raibh súile ocracha dírithe ar a cholainn. É ar a chompóirt ag piocadh an choinligh. Ag éirí ar a chosa deiridh anois is aríst ag cur cluas le héisteacht air féin. Théis tamaill bhig éisteachta d'íslíodh sé, é ag ithe go cíocrach.

Rinne sí a bealach ina threo, gan torann ná fothram. An

boladh ina polláirí níos láidre anois. Í ag smaoineamh ar an bhfeoil bhlasta a bhí faoin gcraiceann, a líonfadh bolg a maicín, a ruaigfeadh an t-ocras.

Shleamhnaigh sí léi ar a bolg, ag teacht níos gaire agus níos gaire. Í i bhfoisceacht cúpla slat dó. Ní fhaca sé í, ná níor chuala sé í. Nuair a bhí sí sách gar dó, d'éirigh sí agus léim. É feannta cheana féin aici ina hintinn.

Ach nuair a tháinig a dhá chois tosaigh go talamh san áit ina raibh sé ag ithe nóiméad roimhe sin, ní raibh sé ann. Bhí sé imithe mar a shlogfadh an talamh é.

Cé go raibh an fonn uirthi, ní raibh sí sách fuinniúil le dul sa tóir air.

Chuile sheans go raibh sé faoi thalamh anois ar aon bhealach. Bhí a fhios aici go raibh an cath seo caillte. Gan de rogha aici anois ach leanacht ar aghaidh, le súil go dtiocfadh sí trasna ar ainmhí nó éan eile.

Bhí bonnaíocha a crúb tinn. Í crapchosach. É an-éasca iad a ghortú le gairid. Crúba a bhíodh chomh crua le leathar. Í in ann ruathar a thabhairt trí choill nó aiteann nó fraoch gan pioc a aireachtáil.

Ní raibh ach sodar beag fúithi anois, í ag dul le fána cnocáin. Ag íochtar an chnocáin bhí garraí beag coinligh. Sciuird coinín óg isteach i bpoll sul má d'inis a hintinn di gur ann dó ar chor ar bith. Chonaic sí péire eile ag pramsáil ar chnocán beag, fios aici nárbh fhiú di dul san iarracht le breith orthu.

Chuala sí scréach chráite ag réabadh tríd an gciúineadas. Scréach a scaip ainmhithe agus éanlaithe mar a scaipfeadh an ceo. Gach ceann ag tabhairt rabhadh dá chuid féin ar an mbealach. D'aithin siad an scread sin, a chuir scéin go croí i ngach ceann acu. Cé is moite di féin. D'fháiltigh sise roimh an scréach. Dhírigh sí a srón an treo as a dtáinig an uaill chaointe. Dearmad déanta anois ar an bhfear, ar an ógánach, ar an ngoin ocrais a bhí ina bolg folamh. Dearmad déanta ar an bpian a bhí i mbonnaíocha a crúb. An fáisceadh marfach a bhí ina heasnacha. An strus a bhí ar a muinéal a ceann a choineáil san aer. An fuadach a bhí ag a croí ina lár. A haird go hiomlán ar an ainmhí a bhí i gcruachás. A hinstinn ag rá léi gurb é seo a seans chun dinnéar an lae a aimsiú don choileán a bheadh ag fanacht léi sa bpluais. A fiántas dá stiúradh caol díreach i dtreo a creiche. Fios aici má bhí aon ainmhí eile ag dul sa bhfiach go gcaillfeadh sí a héadáil gan trua.

Dhírigh sí a fuinneamh, agus lean a srón. Scéin bhuile ina súile, ag dearcadh go slítheánta. Díocas uirthi le go mbainfeadh sí ceann scríbe amach roimh aon cheann eile dá cineál. Go mbeadh a fiacla báite sa bhfeoil the.

Bhí sé fós ag screadach. Í ag teannadh leis an gclaí. Chonaic sí ansin é. Súil ribe go daingean thart ar a mhuineál. É ag casadh agus ag lúbadh. Ag léimneacht san aer. Ar a sheacht míle dícheall ag iarraidh an tsúil a chaitheamh de. Ach é fánach aige. Dá mhéid útamáil dá raibh aige, b'amhlaidh a bhí an tsúil ag fáisceadh a thuilleadh. Bhí a shúile ar tí pléascadh amach as na logaill.

Fuair sí greim scóige air. D'fháisc a drad nó go raibh faoi ghlas. Thosaigh sí ag strachailt go círéibeach. Dá chartadh anonn is anall is thart timpeall. Cosa i dtaca aici ag tarraingt. D'airigh sí freang idir fiacla is carbad, ach níor bhog a greim. Bhí sé ag éirí támáilte. Mhothaigh sí an mhairbhe. É i gcróilí an bháis. Thug sí tarraingt fhíochmhar amháin sular scar an fheoil idir colainn is ceann. An cloigeann ag sileadh síos. Théis cúpla tarraingt eile scar an ceann ón gcolainn go hiomlán. Bhlais sí an fhuil the ag scairdeadh as an muinéal, agus d'alp sí an braon go craosach.

D'airigh sí creathán lag ag rith tríd an gcolainn bheag nuair a chrap na féitheacha, ansin níor chorraigh sé níos mó. Bhí an corp ag éirí bog ina béal. D'athraigh sí a greim, agus d'fháisc a drad ar chnámh an droma. Dhearc thart go haimhreasach. Ní raibh aon ainmhí eile le feiceáil.

Thosaigh sí ag déanamh an bhealaigh ar ais chuig an bpluais. An corp ag sileadh léi, ag scuabadh na talún le gach coiscéim dá dtug sí. Ag barr an chnocáin stop sí. Leag uaithi an t-ualach. Dhearc mórthimpeall. Ní fhaca sí aon namhaid. Bhí gach rud ciúin. Gan a gcuid misnigh tagtha ar ais ag na hainmhithe beaga fós. Ach bhí fios aici gur gearr go mbeadh cloigne ag gobadh amach as poill, ag súilfhéachaint.

Chrom sí agus thóg an éadáil ina béal aríst. Í san airdeall i rith an bhealaigh. Ní raibh fonn uirthi an béile seo a roinnt le madra ná sionnach eile, ach lena maicín féin. Bhí a cloigeann trom anois. Í ag siúl go spadánta. A hanáil briste le teann cloíteachta.

Smaoinigh sí anois ar an gcoileán is í ag tarraingt gar don phluais. Gan fios aici fós cá raibh sé ná cén t-am a mbeadh sé ar ais. Súil aici nár tharla tada dó ar an mbealach.

Bhí an ghrian ag claonadh ar theacht chun na pluaise di. Tháinig boladh eile chomh fada lena srón. Boladh a chuir iontas uirthi. Leag sí a hualach ar an talamh. Thosaigh sí ag smúrach thart ag béal na pluaise, chun a hintinn a shásamh. Thóg an coinín ina béal aríst agus chrom isteach i mbéal na pluaise. Í go heaglach ag dul isteach. Thosaigh an phluais ag méadú de bheagán de réir mar a bhí sí ag dul chun cinn. Nuair a tháinig a súile i gcleachtadh ar dhorchadas na pluaise, chonaic sí a maicín ina shuí go sócúlach ar a thóin. Líon a colainn uilig le mórtas. Bhí a fhios aici go raibh an coileán in aois na céille. Chonaic sí an fuílleach faoina chosa agus é go cíocrach ag líochán na fola a bhí go tiubh thart ar a bhéal.

Biseach

Cé as a dtagann an lá breise sin chugainn chuile cheithre bliana? An é go mbíonn na milliúin, nó na trilliúin, soicindí nó milleasoicindí mílechosach, ag moilleadóireacht thart san atmaisféar ar feadh cheithre bliana? Ansin tarraingíonn siad le chéile in áit réamhshocraithe nó go mbíonn siad cothrom le cheithre huaire fichead?

Agus an milleasoicind deireanach den lá thart go slogtar ar ais san atmaisféar aríst iad? Ar nós cuileoig Bhealtaine. Spíonta, imithe in éag in aon lá agus in aon oíche amháin. An díthreabhach é an lá seo? Go mbíonn náire air é fhéin a spáint ar feadh trí bliana. Ansin léimeann amach sa gceathrú bliain?

An créatúr gortach é nach ligfeadh a chroí dhó am a chaitheamh le laethanta eile?

An lá cnagbhruite a bhí ann a caitheadh go leataobh mar nach raibh sé chomh déanta le laethanta eile? Mar a bheadh bogán uibhe.

Nach maith tráthúil go dtarlaíonn sé seo, nuair atá gá leis ar an bhféilire! Is cosúil nach dteastaíonn sé ach chuile cheathrú bliain. Agus cén duine dofheicthe a dhéanann an cinneadh seo chuile cheathrú bliain?

Go dtagann lá iomlán, nach mbíonn aon duine ag súil

leis, nach bhfuil ag teastáil ó aon duine. Agus nuair atá an lá sin imithe, go dtí pé ar bith áit a dtéann laethanta imithe, nach ndéantar tagairt ar bith dó sa nuacht ná ar pháipéar.

Ní fhaigheann sé creidiúint ar bith, mar gur beag creidiúint atá ag dul dó.

Ar drochlá é, a chuirtear ar ceal i bpáirt eicínt eile den domhan, i ngan fhios dúinn, agus caitear amach sa gcosán ansin é le truslóg a bhaint astu siúd nach bhfuil féilire na bliana sin acu?

Ar lá é a caitheadh amach as neamh, agus a cuireadh ar neamhní, de bharr go raibh sé easumhal dá chomhlaethanta, ach a fuair cineál páirt-logha, a raibh coinníollacha leis?

Ar lá é a chaill an iomarca laethanta ó chruinnithe laethanta? É mar phurgadóir air anois gan é fhéin a spáint ag cruinniú laethanta ach chuile cheathrú bliain?

Ar lá é a chaitheann a shaol ag síorthaisteal sa spás agus gur maith leis lá a chaitheamh le laethanta eile anois is aríst?

Ar lá é a bhfuil diomar eicínt air, a fhaigheann cead a chos lá amháin chuile cheathrú bliain?

Tá sé buailte isteach inár n-intinn ón lá ar thosaigh muid ar scoil go bhfuil seacht lá i chuile sheachtain. Más mar sin atá, agus má bhí an múinteoir ceart, chaithfeadh sé go mbíonn ocht lá i gceann de na seachtainí sin chuile cheathrú bliain.

An bhfuil foireann teann in áit eicínt gurb é an t-aon chúram atá orthu sa saol seo ná lá breise a chruthú chuile cheathrú bliain?

An bhfuil duine a mbíonn lá le spáráilt aige, agus an fhlaithiúlacht ann, go gceapann sé go mba cheart go mbeadh lá le spáráilt ag chuile dhuine ar fud na cruinne?

An bhfuil an lá seo ag cur lá lenár saol.
ag baint lá as?

An as seo a tháinig an mana "Tiocfaidh ár lá", ach ní thiocfaidh ár lá ach chuile cheathrú bliain?

Tá lá breise mar seo cosúil le bóthar cam nach bhfuil casadh ar bith ann.

Nó duine a théann go Lourdes ag iarraidh leigheas agus gan donacht ar bith air!

Is iomaí leas is féidir a bhaint as gnáthlá. Agus cár fhág tú an oíche a théann leis.

Meas tú an é seo Lá Pilib an Chleite? Tá a n-ainm fhéin ag laethanta eile na seachtaine.

Tá seanaithne againn ar na gnáthlaethanta, atá ansin ó thus an tsaoil. *Fair play* dhóibh sin. Tá siad sin breá staidéarach san áit a bhfuil siad. Tá a fhios acu sin cá seasann siad. Is féidir brath go hiomlán orthu. Agus tagann siad gan gearán, lá i ndiaidh lae.

Ach tá an oiread cleachtadh againn ar na gnáthlaethanta is go n-imíonn siad i ngan fhios dúinn. Nach mbíonn an oiread mearbhall ar dhaoine go bhfiafraíonn siad dá chéile go minic, "Cá ndeachaigh an lá ar chor ar bith?"

Ach an lá bocht, braonach, brónach, ciachmhar seo, a thagann mar ghadaí san oíche!

Go díreach mar a bheadh ubh cuaiche i nead éin eile. An t-éan bocht a cheapadh gur léi fhéin an ubh. Go mbeidh brabach aici an bhliain sin.

An plean mór céanna atá taobh thiar den lá breise seo. Go díreach glan mar ubh cuaiche. Ag cur mearbhall agus meascán mearaí orainn. Díreach glan mar Sheachtain na Gaeilge, a mhaireann deich lá agus deich n-oíche!

Ceapann muid go bhfuil brabach eicínt againn de bharr an bhreise.

Ach cén brabach atá ag an duine atá i bpríosún? Nó an creatúr a bhfuil dealg ina mhéar? An bhean a mbíonn a fear dá crústáil lá agus oíche? An reithe bocht a mbíonn a chuid adharca iompaithe isteach ina chloigeann?

Nach peaca marfach ceart é lá breise a chaitheamh chuig tíortha bochta, a bhfuil daoine ag fáil bháis leis an ocras iontu chuile nóiméad de chuile lá agus de chuile oíche!

〜

Agus níl sé féaráilte ar dhaoine atá ag cailleadh meáchain. Cén chaoi a mbainfidís amach an sprioc agus lá eile ag léimneacht amach orthu gan aon súil leis?

Ní mór do chuile dhuine plean maith a bheith aige roimh ré más mian leis an lá seo a sheachaint.

Plean maith a dhul soir. Soir chomh fada is atá soir ann. An tSeapáin, nó an Nua-Shéalainn? B'in leath lae! Ach chuile sheans go mbéarfaí ar dhuine ar an mbealach anoir. Dá dtéadh duine soir chomh fada is atá soir ann, agus a theacht anoir tuathalach? Ach ar an mbealach sin is dóigh go mbeadh duine ar ais san áit ar thosaigh sé, sula dtosódh sé ar chor ar bith.

Is dóigh gurb é GMT bun an údair. Greenwich Mean Time is ciontsiocair leis an rud uilig. Dá mbeadh GMT ar ancaire in áit eicínt eile. Níos faide siar, b'fhéidir.

Tá daoine ann a cheapann nach bhfuil dochar dá laghad sa GMT. Tá sé ansin gan smid as. Sa spota céanna i gcónaí. Mar a bheadh sé i bpurgadóir, ag fanacht le foracan paidreacha. Ach cén fáth a bhfuil sé ag cur lena chuid peiríocha? Nach bhfuil sé dá chaitheamh fhéin sa gcois, is é sin, má tá cosa faoi GMT? Sasana a thug dídean don GMT an chéad lá ariamh. Ach is furasta a mhilleán a chur ar Shasana faoi chuile shórt. Cé go ndéanfaidh siad go maith as an lá seo, de bharr cumas an *sterling*. Beidh siad ag gáirí. Agus féach an brabach damanta a dhéanfas bancanna as an lá breise seo!

Fós, b'fhearr as ná ann an lá seo. Ní bheadh an oiread CO^2 ag sceitheadh. Ní bheadh an oiread leac oighir leáite. Ní bheadh an oiread dramhaíola cruthaithe. Ní bheadh daoine troma ag fáil níos troime. Ní bheadh daoine atá róthanaí ag fáil níos tanaí. Ní bheadh an oiread smugairlí dá gcaitheamh ar pháirceanna peile.

Ní bheadh an oiread fíoruisce ag dul i bhfarraige. Ní bheadh beilteanna le fáisceadh acu siúd a chaitheann beilteanna. Ní bheadh an oiread ríomhphoist le ríomhadh. Ní bheadh an oiread claibhtíní le n-athrú ar pháistí. Ní bheadh an oiread páistí. Ní bheadh an oiread drochamhráin dá gcanadh. Bheadh mangairí drugaí ina gcónaí lá amháin! Ní mharófaí aon duine. Ní bheadh aon chontúirt ó sceimhlitheoirí. Ní bheadh an Dáil ina suí. Bheadh scíth ag an ngrian is ag an ngealach, ag gaoth is ag báisteach ar feadh lá amháin.

Nach mbeadh an saol níos compordaí, de bheagán.

~

D'fhéadfadh sé go mbeadh *diplomatic immunity* ag lá mar seo. Ní le aon duine é, agus is le chuile dhuine é. Ní chuireann aon duine fios air, ach glacann chuile dhuine leis. Bheadh sé deacair é a chaitheamh. Ní bheadh cead ag aon a chaitheamh. Agus mura mbeadh cead ag aon duine e a chaitheamh, sin an t-am a mbeadh chuile dhuine ag iarraidh é a chaitheamh.

Cé mhéid uair ó thus an tsaoil a dúradh, "Ba mhaith liom lá a chaitheamh leat"? Nó, "Ba mhaith liom oíche a chaitheamh leat." Nó, níos measa ná sin, "Ba mhaith liom lá agus oíche a chaitheamh leat." Agus níos measa ná sin fós, "Ba mhaith liom píosa de lá a chaitheamh leat." Tá píosa de lá i bhfad níos contúirtí ná lá iomlán. Bíonn gob géar ar phíosa de lá.

Cé mhéid uair a dúradh gan níos mó ama a chaitheamh le rud? Go raibh a ndóthain ama caite leis. Agus cé a bhí ag caitheamh: an duine anaithnid seo a bhronnann lá breise ar an domhan mór chuile cheathrú bliain!

Agus théis an ceathrú bliain a bheith spíonta, de bharr a bheith ag iompar lá breise, cá dtéann an lá breise seo? An sciorrann sé leis, mar a sciorrann na fotheidil de scáileán teilifíse, gan fios ag aon duine cá dtéann siad?

An bhfuil reilig ann do laethanta caite? Nó an bhfuil reiligeacha ann do shoicindí, ceann eile do nóiméidí, ceann d'uaireanta, agus go n-éiríonn siad uilig ó mhairbh ag an am céanna chuile cheathrú bliain?

Cén fáth, in áit é a chaitheamh, nach gcuirtear an lá breise seo i dtaisce chuile cheathrú bliain; ansin sa mbliain 2040 bheadh seachtain breise againn?

Tá seanfhocal ann a deireann, "Níor baineadh tada as an lá amáireach fós!"

Cén mhallacht a bheadh ar dhaoine go dtiocfadh an smaoineamh sin isteach san intinn, go mbeadh fonn orthu píosa a bhaint as lá? Má bhaineann chuile dhuine geampa as an lá, ní bheidh aon lá ann!

Ach fan nóiméad. Nach in é fuascailt na faidhbe. Nach in é an t-aon bhealach. Théis na geampála uilig, ní bheadh an lá breise sin ann. Ar an taobh eile (má tá a leithéid de thaobh ann agus an taobh eile) dá gcuirfeadh a ndóthain daoine a ndóthain cloigne le chéile, d'fhéadfaí an-úsáid a bhaint as lá breise. Ach sin scéal eile, agus lá eile.

Cogarnaíl

. . . guí orainne peacaigh nois 's ar uair ár mbáis áiméan.

Dhiabhail, ní raibh. Ach níl a fhios agam. Nach bhfuil sé chomh maith céanna. Bhí an diabhal bocht ag *suffer*áil.

Ina dhiaidh sin fhéin níor mhaith leat é a fheiceáil ag imeacht.

Tá siad uilig sa mbaile . . . ach duine. Cheapfainn nach bhfuil a fhios cá'il sé sin.

Níor scríobh sé ariamh ó d'imigh sé.

Is dóigh nach bhfuil a fhios aige tada faoi seo.

Dá mbeadh a fhios fhéin b'fhéidir . . . guí orainne peacaigh nois 's máis áiméan.

Nach diabhaltaí cróilí atá Peaitín Phádraic. Níor thug mé faoi deara go dtí anois é.

Ar ndóigh, mharaigh sé sin é fhéin. Gan call ar bith dhó leis.

Dá ngabhfadh sé agus *set* fiacla a fháil dó fhéin, ní bhreathnódh sé leath chomh dona. Ar éigean is fiú dhó anois é.

Breathnaigh an stiúir atá faoi Pheter. Is fada leis go mbeidh sé sa b*pub*.

Is air atá sé ag cuimhniú anois. Bí cinnte dhó. Beag eile atá ar a aire. Bhfuil a fhios agatsa gur gearr go mbeidh an reilig seo lán.

Extension, a mhac. *Extension*. Ach cén taobh a ngabhfaidh siad? Ní féidir a ghabháil ach siar. Agus cén chaoi a gcuirfí ar thaobh an chnoic iad? Caithfear *move*áil in áit eicínt eile. Ceann nua as an bpíosa a dhéanamh.

Breathnaigh ar an mbeirt. Níl aon bhlas aird acu ar na paidreacha ach an oiread le asal a bheadh ag . . . guí orainne peacaigh 'nois 's a mbáis aiméan . . . raibh tú amuigh inniu? Bhí muis. Ag a sé ar maidin, a mhac. Dheamhan an tsúil. Ní fiú bheith ag gabháil amach.

Bhí mé fhéin cineál tinn. Bhfuil a fhios agat céard é fhéin ach tá Mary Mhicil imithe ar an uisce bruite. Ba bhreá an bhean í, scaitheamh.

Bhí sí róleitheadach. Ní raibh aon duine sách maith aici. Breathnaigh anois í.

Breá atá iníon Walter ag breathnú. Pé ar bith cé gheobhas í sin, beidh *time* aige. Coinneoidh sí sin ag imeacht é. Is gearr anois . . . guí orainne peacaigh 'nois sa máis áiméan . . . céard a bhí mé a rá?

Bhí tú ag rá gur gearr anois.

Ó, muise, bíodh an diabhal aige. Bhfuil sí lán fós?

Is gearr uathu anois. Cá'il tú ag gabháil le haghaidh deoch? Ó, a *bhitch*, breathnaigh thall! Ó, a dhiabhail, ná feiceadh sé mé. Ó, a dhiabhail, bhfuil sé ag breathnú?

Níl. Níl. Tá tú *alright*. Tá a chúl iompaithe linn.

Friggin' hell. Nach maith a chaithfeadh sé a bheith ann.

Bíodh aige. Bhí mé ag caint le James inné. Rinne sé go maith ag an *mart*. Dhíol sé uilig iad.

Bhí sé in am aige. Cén ghraithe atá aige dhóibh? Ab in é Jim taobh thiar dhínn? Ná breathnaigh. Ná breathnaigh. Is é atá ann.

An bhfeiceann tú an cuthach atá ar Joeín? Breathnaigh an trampáil atá air. Shílfeá gur faitíos atá air go dtiocfaidh sé aníos aríst. Nach gránna an rud a bheith ag *jump*áil ar uaigh mar sin. Gaisce, a mhac. Gaisce. Tá muid *lucky* mura dtiocfaidh sé fliuch. Dá dtabharfadh sé chúig noiméad eile uaidh . . . Murach chomh mall is a bhí an sagart bheadh sé curtha fadó . . . guíorainne peacaighnois samáisámén . . . Fainic. Fainic. Teann siar, Cá'il sé sin ag gabháil? Nach air atá an deifir. Níl sé in ann fanacht. É chomh *busy* más fíor dó fhéin.

Ó, beidh sé lá eicínt is ní imeoidh sé, tá mise dá rá leat. Tá bus *tourist*eachaí ag gabháil siar. Breathnaigh an faire tá orthu. Breathnaigh.

Nár thuga Dia slán aniar iad. Bhfuil a fhios agat gur mó an badar na *tourist*eachaí céanna.

Frig í an bháisteach ar aon bhealach. Cúpla nóiméad eile is bheadh againn.

Nach deas an stumpa í Bríd Bheag. Nach breá an transam atá aici. *Silicon-free* freisin. *Friggin* míoltógaí anois.

Bhfuil baol ar bith orthu . . . guíorainnepeacaighnois sa máisamén . . . cé mhéid acu ann.

Caithfidh duine fanacht go mbeidh na paidreacha thart ar aon bhealach.

B'in í bád Phádraic Thomáis. Ach cá'il an diabhal dá thabhairt? Diabhaltaí gar go thalamh atá sí. Mírath oraibh mar mhíoltógaí . . .

Dá bhféadfadh duine *fag* fhéin a chaitheamh. Is dóigh go mbeadh sé náireach . . . Níor dhún béal na beirte sin ó thosaigh an sagart.

Sin an t-am ar thosaigh siad ag caint.

Meas tú cé tá ag gabháil trína bhfiacla? Nach beag an náire atá orthu. Chuile dhuine ag éisteacht leo. Mo chuimhne, an bhfaca tú an *Late Late*? Díleá air, ní fhaca mé. Níorbh fhearr dhuit a fheiceáil. An *frigger* sin ag ligean scil air fhéin. Cé hé? Ó, an *kipper* sin. M'anam gur fearr é ná cuid mhaith acu . . . guíorrrnepeacaighnissamáisáiméan Cé hí an bhean sa gcóta dearg? Ó, tá a fhios agam anois í. Á, bhuel, *frig* sibh mar mhíoltógaí.

Sin í soir leoraí an bhainne. Theastódh í seo a ghlanadh go géar. Ach, ar ndóigh, cé a ghlanfas í?

Dhiabhail, tá Larry anseo. Cheap mé nach raibh sé sin in ann corraí.

Nach mór an saothraí é, an diabhal bocht.

Tá *plane* ag gabháil siar. Nár bhreá an rud a bheith thuas uirthi. Is dóigh gur go Meiriceá atá sí ag gabháil. Nach soir an bealach sin atá Shannon. Á . . . nár bhreá an rud d'aghaidh a bheith ar Chicago nó New York.

M'anam go mb'fhéidir nach bhfuil Meiriceá leath chomh maith is atá ráite.

Bhfuil fhios agatsa cá'il Seáinín Phádraic Bhríd Choilm Pheige curtha?

Níl a fhios. Sa gcoirnéal sin thall, cheapfainn. Tuige?

Dá mbeadh a fhios ag duine cá'il sé curtha, d'fhéadfadh duine paidir a chur lena anam.

Tá sé an fhad curtha ar aon bhealach . . .

Tá a fhios am ach, *still* . . . guíornepeacaigh-noissamáisáiméan . . . *cripes* tá Jack tite i bhfeoil. Breathnaigh an muineál! Tá geir ansin, a mhac.

Tá agus bloinig.

Cén diabhal a bheadh air? Beatha mhaith.

Nach sceirdiúil an spota é seo le bheith curtha ann.

Tá mé i mo bhaileabhair ag na míoltógaí seo. Bhfuil baol ar bith orthu?

Chroch fear an leoraí dearg leis an dá lao. Ní fearr ann iad.

Cé a chreidfeadh go raibh cheithre dhuine dhéag gasúir ag Bridie sin. Níl blas dá chosúlacht uirthi.

Cheapfá gur aige fhéin a bhíodar, is an bolg atá air.

Meas tú cén áit ar chodail Taimín aréir? An bhfeiceann an bhail atá ar thóin a threabhsair?

Nach iontach an *view* atá as seo, a mhac.

Faraor gan é thart. Cá'il tú ag gabháil ina dhiaidh seo?

Níl a fhios agam an ngabhfaidh mé in aon áit.

Bíodh ceann amháin againn in áit eicínt.

Alright . . . tá an scraith ag gabháil air.

Contúirt cheart é Ciarán leis an tsluasaid sin. Bainfidh sé an tsúil as duine eicínt.

An bhfeiceann tú Mike? Ní fhaca mé ariamh é nach raibh a mhéar ina pholláire aige. Tá rud maith eicínt sna polláirí sin.

Nach mbeadh greim ag bó ann dá scaoilfí isteach ann iad.

Ina pholláirí?

Ní hea, a phleota, ach sa reilig.

Nach diabhaltaí an t-*action* a bhí sa mbó a chuaigh go léim thar an ngealach fadó.

M'anam gur maith a chuaigh an ghealach as i *nineteen sixty-nine*, nuair a bhain siad plaic aisti.

Ó, a *bhitch*, dá mba in é an *switch*!

Meas tú nach bhfuil airgead ag Taimín an tSiopa.

Dhiabhail, cén fáth nach mbeadh. Nach bhfuil carr nua faoina thóin chuile bhliain.

Ní bhreathnaíonn sé an-*happy*, muis.

Ós ag caint ar *happy* é, an raibh aon uimhir aréir agat? Uimhir! *How do* uimhir.

Féach isteach. Féach isteach. Sin é a bhfuil an *cheek* aige.

Ag teacht agus chuile shórt ionann is bheith thart.

Cén chaoi a dtaitneodh sé leis dá mba é fhéin a bheadh dá chur?

Níl a fhios ag cuid acu céard é náire.

Feictear domsa go bhfuil carranna ag imeacht ina dtintreach le gairid. Cá mbíonn a ndeifir?

Cá bhfuair tú an bhróig?

Tigh Logue. Bhfuil aon leigheas agat ar chearc nach bhfuil ag breith?

An pota, a mhac, an pota.

Dhéanfadh sé sin tinn mise anois.

Cé hé?

Breathnaigh thart ort. Tá leath dá bhfuil sa reilig ag bladaráil. Shílfeá go mbeadh ómós acu do na mairbh.

Shílfeá go mbeadh múineadh orthu.

Nach gceapfá go bhfanfaidís nó go mbeidís taobh amuigh den gheata.

Ba cheart don sagart rud eicínt a dhéanamh faoi.

Deas crochta an áit a bhfuil sé curtha. Ní iarrfá a fhágáil go brách.

Meas tú cén aois é Paddy? Níor athraigh sé ariamh.

Is é an fear céanna i gcónaí é.

Is mór an trua í Máire Bheag. Céard a dhéanfas sí, an diabhal bocht? *Mis*seáilfidh sí é.

D'fhéadfá a rá go *miss*eáilfidh. Tá sé siúd ag éirí.
Cé hé?
Mo dhuine, a bhí ar leathghlúin ag an gclaí.
Sin fear a bheas ar ais anseo go gairid. Is cosúil go bhfuil siad geall le bheith réidh. *Round* eile paidreachaí. Ní fheicim aon mhioltóg gar d'aon duine eile. Céard a rinne muide orthu? Ar lig tusa broim? Níor lig. Ar lig tusa? Níor lig, ach lig duine eicínt. *Cripes* tá sé bréan, pé ar bith cé a lig uaidh é. Bhfuil tú cinnte nach tú a lig é? *Frig you*, tú fhéin a lig é. Tá a fhios agamsa nach mé fhéin a rinne é. Dá ndéanfainn bheadh a fhios agam é. *Sorry*. Tá barúil agam anois cé a lig é. Breathnaigh taobh thiar díot. Bhí a fhios agam é. Bhí a fhios agam é. Ar ndóigh níl aon chall dó sin broim a ligean, tá an boladh i gcónaí uaidh. Is dóigh gur *bonus* broim dhó sin.

Tá cuid acu ag corraí.

Údar acu má fuair siad an boladh sin. Ceapfar anois gur duine againne a rinne é. Is fearr dhúinn *separate*áil. Tá tú *alright*. Teann isteach leo . . . mar a bhí ó thús, mar atá, mar a bheas go brách, le saol na saol, áiméan. Áiméan muis. Agus mura bhfuil sé in am.

Seo leat. Fág seo. Déan deifir.

Breathnaigh amach dhuit fhéin. Breathnaigh amach dhuit fhéin. Fainic, a *bhitch*.

Fainic.

Cúthalach

In aghaidh mo chos a tháinig mé. Ba cheart go mbeadh a fhios acu ansin go raibh rud eicínt bunoscionn. Nach raibh gach rud mar ba cheart dó a bheith. B'fhéidir nach raibh mé ag iarraidh go mbéarfaí ar chor ar bith mé. Bhí cloigeann orm nuair a rugadh mé. Agus tabhair cloigeann air! Mullach mór gruaige chomh dubh leis an ngual. Bearradh gruaige ag teastáil ar an bpointe. Ach níl éadan ar bith air, a deir an dochtúir leis an mbanaltra. Mé caite ar bhráillín ag éisteacht. Rug an bhanaltra ar dhá chois orm. Tharraing sí leadóg, ach ní ar an droim a bhuail sí mé, ach ar an mbolg. Nuair a chuir mé scread asam, chas sí thart mé. Ansin a chonaic siad gur ar chúl mo chinn a bhí m'éadan. Mo mhuineál, mo chloigeann uilig iompaithe siar. Nó, b'fhéidir, mo cholainn iompaithe aniar. Cúl mo chinn san áit ba cheart m'éadan a bheith. Níl a fhios agam, mar bhí mé an-óg ag an am. Ach tharraing mé clampar, agus gan mé tirim fós! D'ionsaigh m'athair an dochtúir. An iomarca prútáil, a deir sé. Féach an bhail atá ar an ngasúr agaibh. É tarraingthe ó chéile agaibh. Cén mhaith dhomsa gasúr atá iompaithe soir agus siar? Coinnígí anois é. Tugaigí fhéin aire dhó.

Ach thug sé leis ar deireadh mé. Faoina ascaill a d'iompair sé amach mé. Níor tugadh tada faoi deara ar an mbealach sin. Faraor géar nár cailleadh ansin mé. Ach dúradh le mo mhuintir go raibh mé chomh folláin le stumpa de bhradán. Ní mórán fáilte a cuireadh romham nuair a tugadh abhaile mé. Ábhar iontais a bhí ionam ar feadh cúpla seachtain. Go leor ag teacht ar cuairt chuig an teach. Bréagáin ag cuid acu ach thugaidís leo na bréagáin aríst ar imeacht dóibh. Cheapfainn go raibh déistean ar mo mhuintir. Bhí gadhar againn a bhí tar éis coileáin a bheith aici, agus dúradar go gcaithfí cuid acu a bhá. Dúradh, i gcogar, gur cheart mise a chur sa mála leis na coileáin óga. Ach chuala mise iad agus thosaigh mé ag screadach. Ar feadh na mblianta ina dhiaidh sin bhí mé in aiféala nár choinnigh mo chlab dúnta.

B'iomaí uair a dúirt m'athair go gcasfadh sé an cloigeann orm, ach ní dhearna sé ariamh é, faraor. Cén mhaith gasúr a bhíonn ag screadach as cúl a chinn? A chaithfeas luí ar a bholg le go bhfeicfear a éadan. A bhíonn ag gabháil in aghaidh a thóna nuair a bhíonn sé ag siúl. A chaithfeas a dhroim a thabhairt don chlár dubh sa scoil. Nach bhfuil in ann a bheith páirteach in aon chineál cluichí. Fiú rása mála, nó rás na dtrí gcos. Glugar ceart! Glugar nach raibh maith do thada ann.

Ba é Santa Claus an t-aon chara a bhí agam, agus chaill mé an cara sin nuair a bhí mé sé bliana déag d'aois. Bhíodh mo mháthair ag scríobh chuige, i ngan fhios do m'athair ar ndóigh. D'fhan mé i mo shuí oíche amháin. Chuala mé iad ag rá go raibh Santa Claus le theacht an oíche sin. Agus tháinig. Anuas an simléar. Mé i mo luí ar mo bholg ar an *rug* os comhair na tine. Nuair a chonaic sé mé chuir sé uaill as agus amach an doras leis. Níor fhág sé tada. Níor tháinig Santa chuig an teach seo againne aríst. Cheap mé nach raibh sé féaráilte ar chor ar bith.

Rinne mo mhuintir a ndícheall lena gcearta a thabhairt dóibh. Chuireadar ar chúrsaí traenála mé. Cúrsa pluiméireachta ar dtús. Ag éirí go breá liom, cheap mé, nó gur ceanglaíodh na píopaí. Dúradh ansin liom go raibh deireadh tagtha leis an gcúrsa.

Cúrsa leictreach ansin. Mé go maith aige seo. Ach las an teach sula raibh an cúrsa críochnaithe.

Ba mhór an feall é sin.

Fuair mé an-seans cúrsa ríomhaireachta a dhéanamh murach an cor a tháinig i mo mhuineál.

Théis a raibh de chúrsaí déanta agam, ní bhfuair mé aon jab. Bhí obair gann, a dúradh liom. Is dóigh go raibh. Is dóigh go raibh obair an-ghann.

Bhíodh an-spraoi agam ag an diosco. Bhí mé *cool*, a deir siad. Bhí mé *wild*, a deir siad. Bhí mé *far out*. Bhí mé *deadly*. Bhíodh fonn orm bleid a bhualadh ar chailín. Ach bhí faisean agam a bheith ag bualadh faoi rudaí. Bhí drochbhail ar mo chloigeann dá bharr seo.

Thug m'athair ar an aonach mé lá amháin. Ní thugadh sé in aon áit eile mé mar bhíodh náire air dá bhfeicfí muid. Shéanadh sé mé. Ag rá gur le duine eicínt eile mé. Nach raibh aithne ar bith aige orm. Ach thug sé leis an lá seo mé in áit an ghadhair. Bhí faitíos an diabhail ag na beithígh romham. Níor stop siad ag rith nó gur shroich muid an t-aonach. Ní fhaca mé an oiread beithígh ariamh. Chuile dhath. Beag agus mór. Ní raibh muid nóiméad ann nuair a chruinnigh na jabairí uilig thart orainn. Ag baint na gcos dá chéile. Ag fiafraí de m'athair cé mhéid a bhí sé a iarraidh ar an ngasúr. Ní raibh aird ar bith ar na beithígh. Dúirt m'athair go mb'fhearr dá dtéinn abhaile.

Bhí mo cholainn ag iarraidh fanacht agus mo chloigeann ag iarraidh imeacht. Bhí an tarraingt uafásach. Chuir m'athair abhaile mé. Chuir sé comhairle orm gan a ghabháil isteach in aon charr. D'iarr mé ar mo mhuintir rothar a fháil dom. Ceann speisialta. Ceann a mbeadh an diallait agus na troitheáin iomptha siar air. (Bhí an-chloigeann orm.) Scríobh siad chuig chuile innealtóir dá raibh ann agus mhínigh mo chás dóibh. Níor fhreagair duine amháin fhéin. Bhí mé *fed up*.

D'fhás mé féasóg, nuair a tháinig an t-am. Ach chuirinn drochbhail ar m'éadan nuair a bhínn do mo bhearradh fhéin. Ghearr mé mo shrón. Ghearr mé mo theanga. Ghearr mé mo chluasa. Ghearr mé mo scornach. Chaitheadh mo mháthair an lá uilig ag *mop*áil na fola. Bheartaigh mé gan mé fhéin a bhearradh ach uair sa tseachtain. Bhí mo mháthair tuirseach den fhuil. Bhí mé beagán *anaemic* freisin.

Ar deireadh, níor bhac mé le bearradh ar chor ar bith. Mé clúdaithe le féasóg. Gan le feiceáil ach mo dhá shúil ar éigean. Bhíodh daoine ag caitheamh *bananas* chugam, ach ba chuma liom. Bhí féasóg bliana orm sul má thug mé cuairt ar an mbearbóir.

Bhí seisean chomh caoch is gur thosaigh sé ag bearradh cúl mo chinn. Ní raibh a fhios ag an diabhal bocht cá raibh m'éadan nó gur ghlaoigh mé aniar air. Bearradh costasach a bhí ann.

Thug mé mo chéad chuairt ar an mbaile mór. Ar an

mbus. Ní mórán fonn a bhí ar mo mhuintir mé a ligean ann i m'aonar. Ghéill siad ar deireadh. Bhí súil acu go ngabhfainn amú. Ar mo ghlúine ar an suíochán a bhí mé ar feadh an achair. Bhí go leor radharcanna le feiceáil, ach bhí mo dhroim ag gíoscán nuair a shroich an bus an chathair. Go deimhin déanadh iontas díom. Mise ag breathnú ar na siopaí agus na tithe móra a bhí thart orm. Lucht an bhaile mhóir ag baint lán na súl asam. Gasúir ag magadh. Ag piocadh asam. Spriosán beag a cheapadh go dtabharfadh sé cic sa tóin dom. Gan aon chleachtadh aige, is dóigh, ar dhuine a mbeadh a éadan ar a dhroim. B'in é an sotach a raibh an t-iontas air nuair a thug mé cúl mo láimhe faoin gcluais dó.

Náireach go maith a bhíodar i siopa na mbróg. Ní raibh mé in ann mo chloigeann a chasadh sách maith le breathnú ar na bróga. Fear beag a raibh cruit air ag rith thart timpeall orm. Ag fiafraí ar thaithin siad seo liom, nó an mb'fhearr liom iad siúd. Dúirt mé leis péire a fháisceadh orm, agus amach liom, buíoch nach raibh cruit ormsa ar chuma ar bith.

Bhí go leor cloiste agam faoi McDonald's. A shliocht air, bhí boladh breá ann nuair a shiúil mé isteach. Cheannaigh mé Big Mac agus Coke. Ní bhínn ródhona nuair a bhínn ag ithe sa mbaile. Ach rinne mé *mess* ceart i McDonald's. Bhí *ketchup* i mo chuid gruaige is i mo chuid súile. D'fhiafraigh garda a bhí taobh amuigh den doras cé a bhuail mé. Bhí chuile dhuine ag breathnú orm is mé ag siúl i dtreo an stáisiúin. Iad ag ceapadh, is dóigh, gur bligeard mé a bhíodh ag troid.

Tuigfidh tú faoi seo nar phós mise ariamh.

Cailleadh go hóg mé. Bhí mé *glad*, ar bhealach. Ba duine

mé nach raibh ag gabháil in aon áit. I gcónaí ag gabháil in aghaidh mo chúil. Dá mbeinn sean nuair a rugadh mé, chuile sheans go gcríochnóinn mo shaol i mo pháiste. Ach cailleadh go hóg mé, is bhí mé *glad,* ar bhealach. Fiú caillte, ní raibh ionam ach tuilleadh trioblóide. Bhí aicsean an diabhail acu nuair a bhíodar do mo leagan amach. Chuir siad ar mo dhroim sa leaba mé. M'éadan ar an bpiliúr. Is beag bídeach nár phlúch siad mé, théis go raibh mé caillte. Spáinfidh sé sin duit cé chomh deifreach is a bhíodar. Dúradh go mba mhór an náire dom mo chúl a bheith leis na daoine. Ormsa a bhí a mhilleán. D'iompaigh siad thart mé. Mé i mo luí ar mo bholg. Dúirt duine eicínt go mba cheart go mbeadh mo chuid lámha le feiceáil. Chaitheadar tamall istigh i gcúinne, ag cogarnaíl.

Chuireadar i mo sheasamh mé. Fear faoi chaon ascaill. Na daoine ag siúl thart timpeall orm, ag breathnú agus ag paidreoireacht. Shásaigh sé sin chuile dhuine.

Bíodh an diabhal ag an gcréatúr a bhí caillte.

Ar mo thaobh a socraíodh sa gcónra mé. Spallaí chaon taobh. B'fhada liom go raibh mé curtha. Mé *fed up* aríst. Bhfuil fhios agat gur mise fhéin a d'fháiltigh roimh an gcréafóg sin.

Gráinne

Bhí sé faoi ghaineamh ó bhun go barr. A bhéal lán leis. A pholláirí, a chluasa, a shúile, a chuid gruaige. Gach iarracht dá dtug sé a scamhóga a líonadh le haer úr, gaineamh a rith síos ina scornach. Mar a bheadh boilg ag séideadh gainimh isteach ina cholainn trína bhéal. Bhí a bholg ag méadú cosúil le balún mór a bheadh ag fáil réidh i gcomhair turas fada. Ní raibh ar a chumas casacht a dhéanamh ná anáil a tharraingt, mar ní raibh a chuid scamhóga ag obair. Bhí a chliabhrach lán. Bhí a cholainn lán, ar tí pléascadh.

Nuair a sháigh duine eicínt bior géar isteach ina imleacán, steall an gaineamh amach tríd an bpoll beag mar a bheadh scardán ann.

Ba ansin a dhúisigh Albert.

Bhí sé faoin gcith, an t-uisce te ag titim anuas sa mullach air, sular chuimhnigh sé air fhéin. É dá sciúradh agus dá scríobadh fhéin go garbh, cíocrach.

An tromluí gránna sin aríst.

Agus dá mhéid dá raibh sé ag cuimhniú ar an mbrionglóid, ba mhó a dhíocas dá scríobadh fhéin. Chas sé a laidhricín ina chluasa, glan taobh thiar dá chluasa. Tharraing a mhéaracha thríd an ruainne gruaige a bhí fágtha ar a chloigeann. Chuimil a chorp go hiomlán lena lámha. Idir méaracha a chos agus faoi bhun na gcos. Ní raibh aon ghráinne gainimh ar aon bhall. Scrúdaigh sé urlár an cheatha go cúramach. Thriomaigh é fhéin. Chroith an tuáille cúpla geábh. Scrúdaigh agus chroith sé a chuid éadaigh oibre, agus ghléas sé é fhéin. Thug stracfhéachaint anonn ar a bhean, Sandy, a bhí fós ina codladh. Chrom sé os a cionn chun í a phógadh. Cheap sé go bhfaca sé gráinne beag faoina polláire. Bhreathnaigh sé go grinn air. Gaineamh a bhí ann go cinnte. Tháinig imní ar Albert. Dá bhfaighcadh aon duine amach go raibh gráinne ina theach fhéin, ina leaba, bheadh sé náirithe.

Rinne sé iarracht an gráinne a chur as áit le pionsúirín dá cuid fhéin. Nuair a rinne an pionsúirín miotail teagmháil lena craiceann faoin bpolláire, thosaigh sí ag seitreach ar nós searrach óg ann.

As an tseitreach tháinig an sraoth a chaith an ruainne gaineamh suas chomh hard leis an tsíleáil.

Agus bhí fios ag Albert gur tháinig an gráinne sin anuas go talamh in áit eicínt. Bhí sé in áit eicínt ar an urlár.

Ach bheadh sé fánach aige a dhul sa tóir air ag an bpointe seo agus gan an t-am aige. Seans maith go dtógfadh sí fhéin leis an ngléas súite ar ball é.

D'fhág sé nóta beag aici.

Bhí an trá folamh, ciúin. An fharraige ag trá go mall.

Ba gearr go mbeidís ag teacht.

Lanúin agus gasúir. Fir, mná. Óg agus aosta. Cúplaí ag siúl, ag snámh, ag léamh agus, mo léan, ag tochailt.

Bheadh an trá breactha leo i gceann uair an chloig nó mar sin.

Bhí an-drogall ag Albert roimh an ionradh a bhí le theacht. É mar réiteoir ag fanacht leis na foirne le dhul chun páirce. Dá mbeadh an chumhacht céanna aige fhéin? Ach ní raibh cárta dearg ná buí ag dul leis an bpost seo. Ní raibh aon duine ar an taobhlíne ná ag na cúil.

Bhí fuath ag Albert don séasúr a raibh chuile dhuine ag tnúth leis.

Bhí sé ag breathnú ar an taoille ag trá. Ag nochtú an ghainimh, orlach i ndiaidh orlaigh.

Dá bhféadfadh Albert an taoille a choinneáil istigh, dhéanfadh sé é. Bheadh an gaineamh sábháilte ar an ngrinneall. Ní bheadh deis ag sotachaí a bheith ag cartadh agus ag tochailt. Ag déanamh poill agus caisleáin. Dá iompú agus dá chaitheamh le chéile. Ag scríobh a n-ainm ann. Ag déanamh praiseach lena gcuid sluaiste beaga seafóideacha plaistic.

Agus nuair a bhíonn a ndóthain damáiste déanta, bailíonn siad leo abhaile ag tabhairt leath an ghainimh leo: ar a gcosa, ina gcuid gruaige, a gcuid ioscaidí, ar thuáillí, ar bhróga, ar bhoinn a gcuid carranna. Ina gcuid cluasa.

Ach cén chaoi a dtuigfeadh tuismitheoirí graithe Albert? Nár chuma leo ach a gcuid gasúr a bheith sásta.

An t-aon aidhm a bhí acu an gasúr a bheith ag cartadh agus ag milleadh an ghainimh.

Bhí an-ómós ag Albert do ghaineamh.

Ba í a dheirfiúr a thug an bronntanas as Dubai chuige blianta ó shoin agus í ar mhí na meala. Bosca beag cearnógach adhmaid a raibh seacht gcineál gainimh istigh ann.

Gloine ar thaobh amháin. Seacht ndathanna difriúla gainimh. Ón mbán go dubh, agus chuile dhath eatarthu. Ar an mbord beag le taobh a leapa a d'fhág Albert an boiscín. Ba chuma cén iompú a bhaineadh sé as an mboiscín, thagadh gach dath gainimh ar ais ina áit shócúlach fhéin. Níorbh fhéidir na dathanna a mheascadh le chéile.

Iad slán sábháilte istigh sa mboiscín beag.

Bhíodh Albert ag láimhseáil an bhosca chuile oíche ar dhul a chodladh dó, nó go dtiteadh suan air.

An mhaidin mar a chéile.

Dá iompú, dá chasadh, ag breathnú go leataobhach air. Ach chuile ghráinne i gcónaí ag sleamhnú ar ais ina spás fhéin. Ní raibh an gráinne amháin fhéin ag dul amú.

Bhí Albert cinnte dearfa go raibh croí, agus anam, agus intinn, ag gaineamh.

An chaoi a raibh na dathanna uilig ag fanacht le chéile, gan iad ag meascadh le dathanna eile. Gan iad ag cur chucu ná uathu. Chuile ghráinne ag tabhairt aire dá ghraithe fhéin.

Nach mór an feall nach bhfuil daoine mar sin, a deireadh Albert leis fhéin.

Bhíodh ceist ag déanamh imní do Albert go minic, ach fós ní raibh a fhios aige an raibh gaineamh fireann nó baineann. Cheap sé go mb'fhéidir go raibh an fireann agus an baineann measctha le chéile. Níorbh fholáir dó níos mó ama a chaitheamh leis an gceist sin.

B'fhéidir roinnt taighde a dhéanamh ar ghaineamh amach anseo?

Le gairid dúirt Sandy leis go mbaineadh sí féin an-sásamh as bheith ag láimhseáil an bhosca as Dubai.

Ach ar ndóigh ní dhéanadh sí é ach an uair nach mbíodh seisean istigh.

An fhad is a bhíodh Albert sa teach ba eisean, agus eisean amháin, a raibh ceannas aige ar an mbosca gainimh. Bhraith sé go raibh sé féaráilte ar an mbealach seo. Ag an deireadh seachtaine ba ag an iníon a bhíodh an bosca. Cé is moite go leagadh sí ar an mbord é le taobh leaba Albert chuile oíche, nuair a bhíodh sé ag dul a chodladh.

Tharraing siad go maith le chéile, cosúil leis an ngaineamh sa mboiscín.

Bhí ciall leis an socrú a bhí eatarthu. Ní raibh aon chlamhsán, aon ghearán, aon olc, aon argóint, aon uisce faoi thalamh, aon chaimiléireacht, aon stailceanna ocrais, aon cholscaradh ná aon chásanna cúirte.

Níor cruthaíodh gaineamh le bheith dá iompar ar fud an bhaile, ar fud na tíre. Cruthaíodh gaineamh chun é a fhágáil san áit ar cruthaíodh é.

Pé ar bith cé a ghearr suas ina mhionacha é, bhí fáth aige leis. Bhí fáth leis an ngaineamh a bheith chomh mín is a bhí. Murach go raibh, bheadh sé ina chloch mhór gharbh, gan cineáltas ar bith ag baint leis.

Mar tá gaineamh lách, cineálta. An taoille féin, ní bhíonn fonn uirthi an gaineamh a chur as áit ar a tuile. Má chuireann, cuireann sí ar ais aríst é agus í ag trá. Fágann sí é mar a fhaigheann sí é. Go minic ina cruth fhéin. Cineál maidhmeanna beaga bídeacha gainimh in áiteacha, agus fanann an cruth sin nó go dtiocfaidh pleidhce eicínt nach bhfuil tada eile ar a aire.

Bhí súil aige go bhfaigheadh Sandy an gráinne sin a bhí faoina polláirí ar maidin.

bhí an Míol Mór ag teacht go rialta anois le cheithre bliana.

Níorbh é Albert a bhaist é, ach d'fheil an t-ainm dó. Sórt rúcán de dhuine. É ina scraiste caite ar shlat a dhroma sa spota céanna chuile bhliain. Leabhar oscailte ag clúdú a éadain ó theas na gréine. Bhí Albert cinnte go mba í an leabhar céanna í chuile bhliain. Agus í oscailte ar an leathanach céanna. A bhean ina luí lena thaobh. Cráiteog scáinte, chomh caol le slat mhara. Gan deis aici dath na gréine fhéin a fháil, de bharr an scáile mór leathan a chaitheadh a fear céile amach ar fud na trá. B'ionann fad agus leithead dó. Bhíodh dath an bháis uirthi ag teacht di, agus ag imeacht.

Bhí Albert cinnte go mbíodh lomlán buicéid den ghaineamh in imleacán an Mhíl Mhóir. Buicéad eile ina chluasa. Lán buicéid eile i bhfostú sa bhfionnadh a bhí ag clúdú a bhoilg chomh maith lena chliabhrach. Fionnadh a bhí chomh fada is go bhféadfadh stumpa de ghasúr a dhul amú inti.

Bhí an dearg-ghráin ag Albert ar an bhfionnadh sin. Bhí go leor gainimh ag fágáil na trá dá bharr.

Ní chorraíodh an Míol Mór nó go dtagadh an taoille faoi. Chuireadh sé gnúsacht as mar a bheadh bó a bheadh i dtinneas lao.

Ansin dhéanadh sé iarracht ar éirí. Théadh a bhean agus na gasúir faoi thaobh amháin de, agus chaitheadh anonn ar a bhéal faoi é. Chaitheadh sé tamall mar sin, a chuid uillinneacha ar an trá, a thóin san aer, mar a bheadh bullán mór thíos ar a ghlúine.

Bhíodh an spota ina mbíodh sé ina luí ina chíor thuathail, agus ag méadú de réir na bliana. Mar a bheadh caor thine théis neadú ann, agus lorg a choirp fágtha sa ngaineamh, nach líonfadh an taoille, ná an aimsir, ná an saol. Ba é a leithéid seo a bhí ag cur crá croí ar Albert. Nach tráthúil gur ar an ngaineamh seo a luigh sé an chéad lá ariamh!

B'fhéidir gur díbríodh de na tránna eile é. Ach an gaineamh seo, thar ghaineamh an domhain! Gaineamh Albert!

Ansin bhí an comhluadar a mbíodh an picnic acu ar an ngaineamh, chuile lá ar feadh a saoire. Pluid mhór scartha amach. An cosamar a bhíodh fágtha acu, chuireadh sé múisc ar Albert.

Gan aird dá laghad ar na comharthaí.

Agus cár fhág tú an gadhar a bhíodh leo. É ar a bhionda ag cartadh lena chosa tosaigh. Fios maith ag an ngadhar nach raibh tada le fáil sa ngaineamh, ach an diabhal a bheith istigh ann.

Agus iad ag gáirí. Ag gáirí faoin ngadhar. Ag gáirí nuair a bhíodh an gadhar ag scairdeadh gainimh orthu lena chosa deiridh.

Ábhar gáirí, dar leo, an bhail a bhí sé a chur ar an ngaineamh.

Iad fós ag gáirí agus an phluid dá fhilleadh agus dá cur isteach sa gcarr, leath de ghaineamh na trá ag dul leis.

Bhíodh fear Loch Garman ann, a thagadh ag iascach ar na carraigreacha chuile bhliain. Ar ndóigh, bhí baoití le fáil ar dtús.

Agus cén áit a dtéadh sé ag cartadh ar thóir baoití: i ngaineamh Albert.

An áit ina chriathar nuair a bhíodh se réidh. Mhaireadh na poill sin chomh fada le poll an Mhíl Mhóir. A lorg le feiceáil ar feadh na bliana.

Bhí Albert cinnte dearfa go raibh a fhios ag an dream seo go maith go raibh siad ag cur as dó fhéin. Sin an fáth a raibh an diabhlaíocht seo ar siúl acu.

Bhí duine níos measa ná an duine eile. Bhí a fhios acu go raibh sé ag goilliúint air.

D'fhéadfadh rud mar seo damáiste a dhéanamh dá intinn, dá dtabharfadh sé an iomarca aird air.

Bhí a fhios aige é sin. Ach ní bhfaighidís an ceann is fearr air.

Céard a déarfaidís dá dtéadh Albert isteach ina gcuid gairdíní galánta fhéin ag baile agus tosaí ag crágáil, ag cartadh agus ag tochailt? Dá mbainfeadh sé fhéin poll mór i ngairdín duine acu agus luí siar ann ar feadh coicíse, céard a déarfaidís?

Cén fáth nach mbeidís ar nós beirt Mhaigh Eo? Bhí ómós acu sin don ghaineamh. Ag siúlóid taobh thuas den snáth mara sna tráthnónta. Gan dochar dá dhéanamh do thada. An bheirt i ngreim láimhe ina chéile go grámhar. Gan fiú lorg a gcos fágtha acu ag deireadh lae.

Ní fhaca Albert beirt fhear chomh múinte.

Chuala sé torann cairr ag teacht anuas bóthar na trá. D'aithin sé an Míol Mór. Straois air ó chluais go cluais. Súil an diabhail ann. An díthreabhach de bhean a bhí aige sa suíochán lena ais.

Ar nós go leor, bhí teora le foighid Albert.

Ba ag an bpointe sin a rinne sé an cinneadh. Bhí a fhios aige go gcaithfeadh sé rudaí a chur ina gceart. Ní raibh maith a bheith ag cur rud ar an méar fhada. D'fhéadfadh sé a bheith déanta aige an bhliain roimhe sin, ach tháinig rud a chuir bac air. Dhéanfadh sé i mbliana é. Dhéanfadh sé go gairid é. Bhí olc air leis féin de bharr nach ndearna sé cheana é. Ní raibh maith rud a dhéanamh in antráth. D'airigh Albert an fón ag léimneacht thart thíos ina phóca. Bhreathnaigh sé ar an scáileán beag. Ba í a iníon a bhí ann. An t-aon duine clainne a bhí aige fhéin agus Sandy.

"Haileo, a Ghráinne."

"Fuair sibh é . . . iontach . . . iontach . . . Cuirfidh mé féin ar ais ar an trá é, tráthnóna . . . ó, ná bíodh buaireamh ort a stór, beidh a fhios agam ón dath atá air, cén spota a dtáinig sé as."

"B'fhéidir. B'fhéidir. Is cuma faoi sin, a Ghráinne. Tá sé faighte agaibh ar aon bhealach. Sin é an rud is tábhachtaí anois. Níor tháinig sibh trasna ar aon ghráinne eile . . . ó, muise, buíochas mór le Dia."

Bhí sé chomh bródúil. Sandy, Gráinne agus é fhéin.

"A Ghráinne . . . abair le do mháthair go mbeidh an triúr againn ag dul ag taisteal chomh luath is a bheas an séasúr thart."

"Go Dubai, a Ghráinne. Go Dubai."

Idir Dhá Intinn

Ceapaim anois gur smaoinigh taobh amháin den intinn ar dtús air. Níl mé cinnte cén taobh a bhí ar mo thaobh, ná cén taobh a bhí i mo choinne. B'fhéidir gur bheartaigh an dá thaobh in éineacht é, i ngan fhios dom.

Dá mbeadh réamheolas agam, nílim cinnte go mbeinn in ann stop a chur leis, nó nach mbeadh. Tá intinn chomh haisteach agam ar aon bhealach. Tá mé i gcónaí dá rá liom fhéin. Ach bhí sé chomh maith dom a bheith ag caint le tóin buicéid, mar is beag aird a thugaim orm fhéin.

Bhí a fhios agam le fada go raibh m'intinn mínádúrtha. Cé gurbh fhéidir léi a bheith nádúrtha go maith scaití. Ar ndóigh d'fhéadfadh sí a bheith osnádúrtha chomh maith. Agus nuair a chuirfeas tú na nádúrthachtaí sin uilig le chéile, tá meascán aisteach agat. Ní hiontas é go mbínn trína chéile de bheagán nó de mhórán.

Tá rud amháin cinnte. Dá mbeadh chuile intinn mar m'intinnse, bheadh an saol seo ina chíor thuathail amach is amach, mar a deireann siad siúd atá ar an eolas. Agus tá a fhios acu siúd chuile shórt, má tá a fhios acu tada.

Tháinig uair na cinniúna agus d'imigh sé, i ngan fhios dom. Nuair nach bhfuil an intinn ar aon intinn, céard is féidir a dhéanamh?

Nach aoibhinn do na mná. Deirtear gurb iomaí intinn a

thagann do mhná. Mise agus gan maith an diabhail san intinn a bhí agam. Más féidir intinn a thabhairt uirthi? Ar ndóigh, ní mise a thug intinn uirthi an chéad lá ariamh. Duine, nó daoine, eile a thug intinn uirthi. Duine, nó daoine, a raibh intinn staidéarach acu. Bhínnse i gcónaí idir dhá intinn. I mo staic i mbéal bearna. Sórt dris chosáin idir intinneacha. Sin an fáth gur fhág mé mé fhéin.

Sea! D'fhág mé mé fhéin i dtigh diabhail ansin, agus d'imigh mé liom. Bíodh an diabhal ag intinn, nó intinneacha.

Tharla an rud uilig chomh sciobtha is nach raibh am agam smaoineamh air. Dá mbeadh am agam, b'fhéidir nach n-imeoinn go brách. Bheadh an intinn ag athrú chomh minic sin nach mbeadh a fhios agam ar theacht nó imeacht dom.

Ach bhí mé imithe. Chomh saor is dá mbeadh sciatháin orm. Chomh saor le iolar ar foluain. Go grinnsúileach ag breathnú síos orm fhéin ó airde na spéire. Nó i bhfad níos airde ná an spéir. Mar a bheinn ar phlána eile.

Scartha go hiomlán ón saol a raibh mé ann sular fhág mé mé fhéin.

Saor ón luí agus ón éirí. Ón teacht agus ón imeacht. Ón tuile is ón trá. Ón sea agus ón ní hea. Ón tá agus ón níl. Ón beidh agus ón ní bheidh. Ón bhfreagra agus ón gceist.

Cibé cén saol a bhí ag an mada bán, bhí sé agam, má bhí.

Choinnigh mé súil orm fhéin ar feadh tamaill. An féin a d'fhág mé, tá a fhios agat. An féin nár réitigh liom. Chaithfinn súil a choinneáil orm fhéin, le go mbeadh a fhios agam cá raibh mé. Ní bheadh orm a bheith do mo thoraíocht fhéin dá mbeinn ag teastáil uaim fhéin.

≈

D'fhéadfadh sé freisin nach raibh mé ag iarraidh mé fhéin a fháil. Ó d'éirigh liom mé fhéin a fhágáil, nach mb'fhearr dom fanacht glan orm fhéin. Gan *two* ná *one* a bheith le déanamh agam liom fhéin. Cineál logha iomlán a bheadh ann. Nó an rud a dtugann siad an *clean break* air. Sin a bhí ag teastáil uaim. Scíth uaim fhéin.

Scíth ón bhfaisean gránna sin a bhí agam sular fhág mé mé fhéin. An t-athrú intinne. An cur i gcéill. Iad fágtha i mo dhiaidh agam. Mar a bheadh aspalóid faighte agam gan faoistin. Mé chomh glan, gléigeal. Chomh héadrom-chroíoch. Mar a bheinn óg aríst. An dara seans faighte agam. Tosaí nua as an bpíosa a bhí ann.

Mé sórt leathscoite. Agus mar sin ab fhearr liom. Bhí suaimhneas agam uaim fhéin, den chéad uair i mo shaol. Ní raibh mé freagrach. Gan ann ach mé fhéin féin. Ar ndóigh bhí an baol ann i gcónaí go ndéanfadh an féin a d'fhág mé iarracht teacht chugam. Bhí orm coinneáil ag imeacht. Ag síorthaisteal. Mar spioraid nó anam nach mbeadh in ann suaimhneas a fháil in aon áit. Nach mbeadh socair ná síochánta. Go síoraí ar fán. Amuigh sa spás mór sin, ag síorchasadh timpeall. Sórt Yuri Gagarin ann. Gan aon mheáchan.

Ag síorimeacht sa dorchadas, mar neamhní mór millteach. An síorimeacht sin, mar a bhíonn ann nuair a dhúntar an líne sa gciorcal. Gan tús ná deireadh.

Gan bheith ar mo chumas léim a thabhairt siar ná chun cinn chun rudaí a chur i gceart.

D'fhéadfainn a bheith scartha liom fhéin go brách. An mbeidh cumha orm i mo dhiaidh fhéin? An aireoidh mé uaim mé fhéin? An mbeidh mé croíbhriste i bhfad i gcéin? Iomlán scoite. Dá mbeadh cinneadh mór le déanamh, d'fhanfadh sé gan déanamh. Agus cén mhaith cinneadh gan déanamh! Nuair a bhí mé tamall imithe uaim fhéin, bhínn ag aireachtáil fuar go minic. Mar a bheinn leathghléasta, nó leathnocht. An mba samhlaíocht a bhí ann? Ach cén chaoi a mbeadh sé ina shamhlaíocht agus gan mé ann uilig? Nuair a d'fhág mé mé fhéin, níor thug mé liom ach sciar, má thug mé an méid sin fhéin liom? D'fhan an chuid eile liom fhéin. D'fhágfadh sin nach mbeadh tada iomlán! Nach mbeadh agam ach sciar de chuile shórt. Leathsmaointe. Leathmothúcháin. Leathbhriathra. B'fhéidir nár thug mé mo leathdhóthain liom nuair a thréig mé mé fhéin. Mé ró-éasca orm fhéin, nó ródhian. Dá mbeinn féaráilte, dhéanfainn an deighilt síos díreach tríd an lár. Gearradh ingearach. Go díreach glan mar a bheadh colscaradh ann, ina mbeadh an dá thaobh ar aon fhocal.

Ach ní raibh am agamsa na rudaí sin a scrúdú sular fhág mé. D'fhág mé i ngan fhios dom fhéin is dóigh. Ní raibh aon réamhphlean agam. Níor thuig mé nach mbeadh ionam ach cuid. Píosa den iomlán.

Nach dochtúir intinne a theastaigh uaim mura raibh mé ann uilig. Nach dochtúir intinne a theastódh uaim má bhí mé gann. Sórt Shroud of Turin, gan a fhios agam an mé fhéin a bhí ann, nó duine eile.

An raibh me dearfach, nó diúltach? Urchóideach, nó neamhurchóideach? Múinte, nó mímhúinte? An mba amadán a bhí ionam, nó leathamadán? An raibh radharc agam, nó an raibh mé taobh le leathshúil? An raibh éisteacht agam, nó an raibh mé leathbhodhar?

❧

Céard faoi na tá-anna, agus na níl-eanna? Na sea-anna agus na ní hea-anna? Na leathcheisteanna, agus na leath-fhreagraí? Na leath-theachtairí? Leathfhuascailt ar leathfhadhbanna? Rudaí nach raibh ach leathchríochnaithe, nó leathdhéanta? An dtug mé mo dhóthain focal liom? Mo sháith siollaí? An raibh mé gann sna síntí fada? An raibh mé gortach liom féin maidir le comharthaí ceiste? Ach níl aon mhaith a bheith róshantach. Murach gur fhág mé rud eicínt i mo dhiaidh, ní bheadh aon saol ag an bhféin sin. Bheinn mar a bheadh fód móna théis a bhainte, gan éirí i mo sheasamh ionam.

❧

Ní raibh mé ach leathlá imithe, nó b'fhéidir leathoíche, nuair a fuair an féin a d'fhág mé amach cá raibh mé. D'airigh mé leathphriocadh. Chomh beag, chomh bídeach sin is gur ar éigean a thug mé faoi deara é. Leath-tharraingt. Mar a bheadh leathbhreac ag leathspochadh le leathbhaoite ar leathdhuán. Go díreach glan mar a bheadh leathaireachtáil ann. Ach an agamsa a bhí an leathbhaoite, nó ag an bhféin a d'fhág me? Buaileann sé anois mé, glan díreach isteach ar leath an ainm an athar, gur fhan go leor freagraí ag an bhféin eile. Ní bhfuair mise an tomhas ceart. Mé i mo Jekyll nó i mo Hyde?

Leathphriocadh eile. Níor thug mé mo dhóthain tuisceana liom nuair a d'fhág mé.

Leathbhotún eile.

Botún a bhí ann ón tús an leathbhotún a thabhairt liom. Dá bhfágfainn agam fhéin é, bheadh liom. Níor roinneadh na dearfacha agus na diúltacha go cruinn. Fiú dá mbeadh leath de chaon cheann agam, ní bheinn buartha.

Leathphriocadh eile.

Mar a bheadh leathghreim ag na leathfhiacla leathbheaga ar an leathbhaoite ar an leathdhuán. Mar a bheadh sé ag leathghliondail. Do mo leath-tharraingt isteach de réir a chéile. Tá leathfhocla ag leathsciorradh uaim. Ag leaththaisteal ar ais chugam fhéin. Ar ais chuig an mháthairlong. Anois an t-am chun an intinn a dhéanamh suas. Anois nó ariamh! Ach má bhí an féin a d'fhág me in ann mé a leath-tharraingt ar ais, d'fhágfadh sin go raibh níos mó ná leathchumhacht ag an bhféin sin.

Agus céard a d'fhág mé agam fhéin nuair a d'imigh mé? Leathshaol leathuaigneach a bheadh agam dá bhfanfainn ar fann. Mar a bheadh duine ag maidhtseáil ón scoil. Chuile rud go breá, nó go dtagadh an tráthnóna.

Bhí cloiste agam faoi dhaoine a léimeadh amach as a gcraicne. Ach ní mar sin a tharla dhomsa. Bheadh scaradh mar sin *messy*. B'fhearr liom mar a tharla. Ní raibh aon fheoil stiallta ná fuil tarraingthe ar an mbealach seo. Bhí gach rud *cut and dried*.

Agus sin a mholfainn do dhuine ar bith a mbeadh fonn air é fhéin a fhágáil. Déan go sciobtha é. Ná bíodh a fhios agat fhéin go bhfuil tú dá dhéanamh, agus éireoidh go breá leat. Tabhair cluas bhodhar duit fhéin.

Má bhíonn tú ag caint leat fhéin, déan é i dteanga nach

dtuigfidh tú. Ach ná dearmad an tomhas ceart a thabhairt leat ar imeacht duit. Ainsiléad, sin é an buachaill. Gach rud a bheith meáite go dtí an gráinne deireanach. Liomsa é seo, agus liomsa é sin. Beidh an leath a bheas fágtha agat ar comh-mhéid leis an leath a thabharfas tú leat.

～

Tá leathamadáin ann a bhíonn ag leathfhiafraí céard a thabharfá leat chuig leathoileán leathuaigneach i bhfad ó thír. Bíonn leathfhaitíos orthu an leathcheist cheart a chur. Céard a d'fhágfá i do dhiaidh? An ghruaim. An gol nó an gáirí. D'anam? D'intinn? Do theanga? Do chosa deiridh? Do dheifir? D'fhoighid? Airím an leaththarraingt níos láidre anois. An féin ag éirí leathmhífhoighdeach. Leathchumha b'fhéidir? Feictear dom gur leatheagla atá ann. Leathimpí. Leathachainní!

Ach lániarracht!

Tá leathfhocla ag leathshleamhnú uaim. Litreacha. Siollaí. Briathra. Lánstadanna. Na tuisil. Fiú an ceann ginideach. Níl an aimsir ghnáthchaite fhéin fágtha agam. Iad go léir ag leatheitilt ar ais chugam fhéin. Tá leathéad orm, go bhfuil níos mó grá acu seo go léir don fhéin a d'fhág mé. Níl fonn orthu fanacht liomsa a thuilleadh.

Cosa beaga fúthu anois. Dá dhonacht mé, is dóigh gur in éineacht is fearr mé. Bíodh mé i mo Jekyll nó i mo Hyde.

Tochas

"Tá mé céasta! Céasta ag tochas i mo chosa! As ucht Dé ort agus scríob iad. Chomh maith is atá tú in ann. Tá ingne breá fada ort, bail ó Dhia ort féin agus ar d'ingne. Agus glan!" Níor thug an t-altra aird ar bith ar Mhike. Ag ligean air nár chuala sé é.

"Nó scaoil an bheilt seo atá thart orm agus déanfaidh mé fhéin an scríobadh."

Bhí beilt mhór leathan leathair thart ar chliabhrach Mhike agus í ceangailte in áit eicínt taobh thiar dá dhroim. Bhí pluid throm scartha ar a ghlúine. Ní raibh ar a chumas corraí ná casadh ná cromadh.

"Tá a fhios agat nach féidir liomsa an bheilt sin a bhaint díot. Ar mhaithe leat fhéin atá sí ort. Thitfeá amach ar an urlár dá huireasa. Sin í do chrios tarrthála!"

Shiúil an t-altra leis agus isteach i gceann de na seomraí.

Bhí pianta géara aisteacha ag rith trí chosa Mhike. Mar a bheadh duine ag tiomáint tairní le casúr ach gan a bheith dá dtiomáint i bhfad isteach. Díreach faoin gcraiceann.

Ach ba mheasa leis go mór an tochas ná na pianta.

Fear crua déanta. Bhí sé chomh crua leis an iarann nuair a bhí sé ina fhear óg. Gan aon chleachtadh aige ar phian de shaghas ar bith go dtí le gairid fhéin.

Ach bhí an tochas dá chiapadh. Gan faoiseamh ar bith

uaidh, lá ná oíche, Domhnach ná Dálach. Bhí sé ag cur as
dó ó thug Jason isteach san áit mhallaithe seo é.
Dá dtagadh amhas de ghadhar, agus stiall a bhaint as a
chosa, thabharfadh sé faoiseamh dó.
Ní mharódh sé duine de na haltraí a chosa a scríobadh.
Ní raibh oibleagáid ar bith sna haltraí óga sin a bhí thart
air. Ag scinneadh thairis, síos agus aníos, anonn agus anall.
Mar a bheidís dá sheachaint. Scaití bhí sé den tuairim nach
bhfeicidís ar chor ar bith é, an chaoi a mbídís ag scuabadh
thairis. Ag tabhairt cluas bhodhar dá achainí.
Ní hé go raibh sé ag iarraidh mórán orthu. Scríobadh
maith garbh a thabhairt dá chosa, sin an méid.
Ní in aisce a bhí sé dá iarraidh. É ag íoc go daor as an
scíth seo mar a thugadar air.
Scíth! Scíth!
Ar ndóigh, níor scíth d'aon duine a bheith i sáinn mar
seo. Ceangailte ó chluais go drioball, mar a bheadh lao a
mbeifí ag dul dá choilleadh.
Bheadh scíth aige ceart go leor, dá dtugadh duine eicínt
scríobadh maith garbh láidir dá chosa.
Ó, a Mhaighdean, dá mhéid dá raibh sé ag cuimhniú air,
sea ba mheasa an tochas.
B'fhéidir go raibh siad ag iarraidh é a chur as a
mheabhair, mar a bhí go leor dá raibh thart air.
"Dá mbeadh muid uilig as ár meabhair bheadh rudaí i
bhfad níos éasca agaibh."
Bhí sé ag béiceach in ard a chinn i ngan fhios dó fhéin.
"Sshh!" arsa an mátrún mór leis. A cuid méaracha
ramhra ar a liopaí ramhra.
"Tochas," arsa Mike léi. "Tá mé as mo chiall ag an
tochas. Mo dhá chois. Tochas, tochas, tochas, lá agus oíche.

Scríob iad, nó gearr anuas díom iad. Rud ar bith ach faigh réidh leis an tochas."

"Sshh!" arsa an mátrún mór aríst.

Chonaic sé an dímheas ina súile.

"Ná bí ag cur as do na hothair eile."

"Mo thochas ort," arsa Mike os ard ina diaidh agus í ag siúl uaidh.

Bhí a tóin ramhar ag tabhairt an dá thaobh léi, í ag siúl go húdarásach. Másaí móra a tóna ag luascadh ó thaobh go taobh. Ach théis chuile luascadh bhíodh cineál crochadh beag dána, sotalach i chaon leathmhás. Mar a bheidís ag deargmhagadh faoin té a bheadh ag breathnú orthu.

Nach maith gur féidir le tóin a bheith údarásach, arsa Mike leis fhéin. Cé a cheapfadh go mbeadh údarás i dtóin.

Má thiteann crann i gcoill in aon áit go brách, tá súil agam go mbeidh tú faoi, arsa Mike ina intinn fhéin.

Dhún sé a shúile go daingean.

Bhí a intinn ag iarraidh an tochas a bhí ina chosa a chur ar neamhní. Nó ar a laghad é a chur go leataobh in áit eicínt. Bhí a fhios ag intinn Mhike go raibh intinneacha ann a bhí in ann é sin a dhéanamh. An tochas a ghlanadh amach. É a chur ar fionraí. Doras na hintinne a dhúnadh air. É a choinneáil amuigh. Cead ag an tochas a dhul in áit eicínt eile.

Agus ní bheadh aon aistir fhada le dhul aige. Bhí réimse breá leathan sa tóin mhór a chonaic Mike cúpla nóiméad roimhe sin.

Caint ar Mhachaire Méith na Mí!

Nach é an tochas a bhainfeadh an casadh as an tóin sin. Mhairfeadh tochas go compordach ann.

Tá Séimín ag crágáil. Mar a bhíonn sé chuile chúig

nóiméad. An tOllamh a thugann siad air. É ag maíomh chuile leathuair go raibh sé ar coláiste nuair a bhí sé óg. Tá aimhreas ar Mhike an raibh coláistí ann nuair a bhí Séimín óg. Tá seanaithne ag Mike air anois. Ba é an chéad duine a chuir é féin in aithne do Mhike.

Tá Séimín magúil. "Hó, hó, a Mhike. Níor chorraigh tú fós, a chréatúirín." "Scaoil an bheilt seo, maith an fear," arsa Mike. "Scaoil mo shaoirse liom. Nó scríob mo chosa. Tá mé i mo bhaileabhair."

"Bhfuil fhios agat gurb in é an t-aon rud nach bhfuil céim ollscoile agam ann. Céim sa tochas, ná sa scríobadh," arsa Séimín. Séacla d'fhear. Gan fanta ina dhrad ach an t-aon fhiacail. Í ina seasamh ina dhrandal íochtair. Mar a bheadh carcair ghiúise ag gobadh aníos i gcriathrach.

"Ar ndóigh, ní raibh mise chun cúig nó sé de bhlianta a chaitheamh i gcoláiste le céim a fháil sa tochas. An gceapann tú gur amadán mé? Nach ndeir siad gur damhsóir tusa. Cén fáth nach ndéanann tú cúpla steip damhsa? Bhainfeadh sé sin an tochas díot, tá mise dá rá leat."

"Ach tá mé ceangailte den chathaoir. An bhfaca tú aon duine ag damhsa ariamh agus é ceangailte de chathaoir?"

"Ní tú an t-aon duine anseo atá ceangailte. Breathnaigh thart ort," arsa Seimín, strais gháire air.

Bhreathnaigh Mike thart.

Chonaic sé na daoine céanna a bhí sé a fheiceáil chuile lá le mí. Iad ag déanamh an rud céanna.

Jim ag síorphiocadh rudaí de chába a sheaicéid. Dá gcaitheamh uaidh ar an urlár. Mar a bheadh sé ag piocadh miola nó sciortáin as fhéin agus dá gcaitheamh uaidh go tarcaisneach.

Ansin ag bualadh a chois orthu ar an urlár.

Tá an créatúr sin as a mheabhair, arsa Mike.

Bhí Tomás ag srannadh, béal oscailte, sa gcathaoir rotha. Bean, nach raibh a hainm aige fós, ag an bhfuinneog ag stánadh amach. Í ag oibriú a cuid lámha gan stad, mar a bheadh sí ag cniotáil.

Ach ní fhaca Mike aon olann ná bioráin aici.

Bhí Micil ina sheasamh i gcúinne ag sioscadh agus ag argóint le beirt dhofheicthe lena thaobh. Scaití ag caint síos le duine agus scaití eile ag caint suas.

Dá thúisce dá mbeidh mise amuigh as an áit seo, is amhlaidh is fearr dom é, arsa Mike leis fhéin.

Bhí sé buíoch nach mbeadh sé i bhfad eile anseo. Scíth, a deir Jason, an lá ar fhág sé anseo é. Scíth tar éis na hobráide.

Bhí súil aige go dtiocfadh an fear óg ar cuairt, ach níor tháinig . . . fós.

Scaoilfeadh sé an bheilt. Ní dhiúltódh sé a uncail.

"Tá an t-ádh ortsa, a Mhike," arsa Séimín.

"Cén chaoi a mbeadh ádh ar dhuine anseo? Cén chaoi a mbeadh ádh ar dhuine a bhfuil ceangal na gcúig gcaol air mar atá ormsa, a Shéimín?"

"Níl do do choinneáil ach beilt. Breathnaigh ar na créatúir sin. Ní féidir an bheilt atá orthu sin a scaoileadh."

"Ach níl aon tochas orthu sin mar atá ormsa. Dá mbeadh chloisfeá faoi, tá mise dá rá leat."

"Agus caith uait na diabhail toitíní sin."

Bhí Séimín ag caint aríst.

"Nach bhfeiceann tú a bhfuil scríofa ar an mbosca.

'*Toradh caitheamh tobac – bás*'. Ar ndóigh níl seans dá laghad agat má bhíonn tú dá ndiúl sin."

Bhí straois ó chluais go drioball air.

Cheap Mike go raibh an t-aon fhiacail a bhí i ndrandal Shéimín ag méadú chuile uair dár oscail sé a bhéal. Cén mhaith sa diabhal fiacail amháin ina dhrandal? arsa Mike leis féin.

Bhí fonn air breith uirthi agus í a tharraingt amach as béal an fhir eile.

"Más fíor a bhfuil ar an mbosca toitíní sin, ba chóir don scríobh céanna a bheith priondáilte ar mo theastas breithe, agus ar do cheannsa," arsa Mike le Séimín. "Nach in é an fáth a dtagann muid ar an saol: chun bás a fháil?"

"Ach giorróidh siad sin an méid saoil a bhí ceaptha duit," arsa Séimín. "Níor chaith mise ariamh. Rinne mé staidéar ar thoitíní tá a fhios agat. De thoradh ar an staidéar, creidim go mairfidh mé scór bliain eile ar a laghad."

"Má chailleann tú an t-aon fhiacail sin, tá tú réidh. Tá sí ag breathnú an-uaigneach ansin léi fhéin," arsa Mike. "Ar ndóigh b'fhéidir gurb í an fhiacail sin atá do do choinneáil beo."

"Fiacail? Nach bhfuil lán drandail d'fhiacla agamsa," arsa Séimín, ag breathnú go grinn ar Mhike.

"Má tá, is i do phóca atá siad," arsa Mike leis.

"An é nach bhfeiceann tú iad?" arsa an fear eile, ag oscailt a bhéil chomh mór le béal asail.

Níor bhac Mike le é a fhreagairt. Ní raibh sa mbéal ach an t-aon fhiacail. Cén mhaith a bheith ag argóint lena leithéid de dhuine?

"Cuirfidh mé ceist ort, a Mhike."

"Abair leat."

"Cén fharraige nach bhfuil aon chósta aici?"

"Nach bhfuil cósta ag chuile fharraige, in áit eicínt," arsa Mike.

"Níl aon chósta ag an bhfarraige atá i gceist agamsa," arsa Séimín.

"Mura bhfuil, is dóigh gurb é fearacht Jim sin thall é, atá ag piocadh rudaí as a sheaicéad, rudaí nach bhfuil ann ar chor ar bith."

"Cé as a dtagann an eascann?" arsa Séimín.

É ina sheasamh os comhair Mhike, mar a bheadh máistir scoile ann, ag caint le gasúr.

Ní raibh Mike cinnte gur cheart dó freagra ar bith a thabhairt ar an gceist. Bhraith sé gur ag fiodmhagadh faoi a bhí an fear eile. Ach d'fhreagair sé le súil go nglanfadh an fear eile leis as a amharc.

"Nach bhfuil eascann le fáil i chuile uisce. Nár mharaigh mé fhéin iad, go minic, sa Thames agus san Ouse."

"Ach ar smaoinigh tú ariamh cé as a dtáinig siad?"

"Nach cuma cé as a dtagann siad. Nach dtagann chuile shórt as áit eicínt. Murach go dtagann, ní bheadh tada ann."

"Nuair a thiocfas an mátrún mór thart aríst, fiafraigh di an bhfuil a fhios aici cé as a dtagann an eascann," arsa Séimín ag imeacht leis.

Bhí mar a bheadh arm siongán ag máirseáil síos is aníos ar chosa Mhike. Chuile cheann acu ag baint a gheampa féin. Chasaidís ag a ghlúine i gcónaí.

"B'fhéidir gur siongáin atá ann," arsa Mike os ard. Ag caint leis féin a bhí sé, ach chuala Séimín an chaint agus chas sé.

"Tá neart sciortáin anseo, tá mise dá rá leat. Ach níl aon siongán ann. Féach ar Jim sin thall. Féach air ag piocadh sciortáin de féin. Féach é ag déanamh leicíneach díobh faoina bhróg."

"Seachrán céille atá ar an bhfear sin," arsa Mike, "nach ormsa atá na siongáin, nó is cosúil le siongáin iad. Ag caint ar mo chosa atá mé."

"Cén mhaith duit a bheith ag caint ar do chosa?" arsa Seimín go fonóideach.

"Tá sé seo chomh dona leo uilig," arsa Mike leis fhéin. "Faraor nach dtagann Jason anois díreach, agus mé a thabhairt glan amach as an áit seo. Nó dá scaoilfidís an bheilt seo, shiúlfainn féin amach an doras sin ar an bpointe. Ní fhanfainn le torann mo chos."

Nuair a buaileadh tinn i Londain é, ba é Jason a thug comhairle dó an teach a dhíol agus teacht abhaile chuige féin.

Bhí Jason le pósadh go gairid, agus bheadh cónaí ar Mhike leis fhéin agus lena bhean.

"Sin an fáth nach bhfuil sé ag teacht," arsa Mike leis féin, "is dóigh go bhfuil siad gnóthach ag réiteach don lá mór."

Bhí dearmad déanta aige ar an mbainis. Thuig sé anois cén t-údar nach raibh Jason ag teacht. Thug an smaoineamh beagán faoisimh dó. Bheadh Jason ag teacht théis na bainise. Chaithfeadh sé cur suas leis an áit seo, dá dhonacht é, nó go mbeadh Jason pósta.

Gan aon ghaol eile aige.

Ach smaoinigh sé ansin go mbeadh an tochas seo ina chosa go dtiocfadh Jason. Ní raibh aon duine san áit mhallaithe seo ag dul dá scríobadh. Bhí a fhios aige an méid sin faoi seo.

"Beidh Jason ag teacht chun mé a thabhairt abhaile,

théis na bainise," arsa Mike le Séimín, "caithfidh mé foighid a bheith agam. Níl aon leigheas air ach fanacht."

"Ag fanacht le Godot a bheas tú. Nach ag fanacht atá muid uilig," arsa Séimín. "Níl muid ach ag baint lá amach. Ag fanacht. Tá tusa ag fanacht le Jason. Níl fios ag aon duine anseo cén t-ainm atá ar an té a bhfuil siad ag fanacht leis. Níl a fhios agatsa an dtiocfaidh Jason. Ach tá muide uilig cinnte de rud amháin: tiocfaidh an té a bhfuil muide ag fanacht leis."

"Sibh uilig ag fanacht leis an lá amáireach," arsa Mike, le fonn rud eicínt a rá leis an bhfear eile.

"Níl maith ag fanacht leis an lá amáireach," arsa Seimín, "mar níl aon lá amáireach ann. Nach é inniu amáireach an lae inné."

"Ach nach bhfuil chuile dhuine anseo ag súil leis an lá amáireach," arsa Mike ar ais leis.

"Ó, a stór, níl aon duine anseo ag cuimhniú ar an lá amáireach. An bhfeiceann tú chomh gnóthach is atá siad uilig. Tá Kate thall ag an bhfuinneog ag cniotáil, mar a bhíonn chuile lá. Tá cochall mór ar an urlár faoina cosa a d'fheisteodh bád mór. Níl aon aird aici ar an lá amáireach. Tá sí róthógtha leis an lá inniu. Ag cniotáil, agus ag baint fad as an gcochall sin."

"Tá Jim ag marú sciortáin as éadan. Sin eile a bhfuil ag cur imní air. An bhféadfaidh sé de na sciortáin sin a bheith criogtha aige roimh am codlata."

"Micil ag cocaireacht leis an mbeirt sin, lá agus oíche. Níl tada eile ag teastáil ó Mhicil ach daoine le labhairt leo. Bheadh sé caillte le uaigneas d'uireasa na beirte."

"Ach, a Shéimín, tá a fhios agatsa go maith, nach bhfuil tada dár dhúirt tú fíor. Ná ceap go gcuirfidh tú dalladh púicín ormsa le do chuid scolaíochta," arsa Mike, fearg ag teacht air.

"Tá chuile fhocal fíor, a Mhike. Sin í lomchlár na fírinne."

"Tá amharc na súl agam go fóill, a Shéimín, agus m'anam nach bhfuil mé bodhar ach oiread."

"I dtír na ndall, is rí é fear na leathshúile," arsa Séimín go fonóideach. "Ach tá tochas ort nach bhfuil?"

"Ó, a dhiabhail, ná bí dá chur i gcuimhne dom," arsa Mike go cráite.

"Tá tochas ort go dtaga Jason. Sin é an tochas atá ort."

Bhí Séimín lándáiríre ina chuid cainte anois. An straois mhagúil imithe mar a bheadh míorúilt ann. Na tréithe caite uaidh aige. Ní raibh an fhiacail aonair le feiceáil. Mar a bheadh sí curtha go leataobh aige go fóill. Brúite síos ina dhrandal íochtair nó go dteastódh sí aríst uaidh.

"Ní magadh ar bith é, a Shéimín. Is measa an tochas seo ná an phian is géire amuigh."

"Ní fheicimse do thochas," arsa an fear eile.

"Ach ní ort atá sé ach ormsa," arsa Mike go mí-fhoighdeach.

Bhí sé ag éirí tuirseach de Shéimín agus a chuid prócála. Ag ligean air fhéin go raibh scil aige i chuile shórt. Aiféala air gur tharraing sé aird an fhir eile air fhéin ar chor ar bith.

"Ní fheiceann tusa an drad fiacal atá agamsa, a Mhike. Ní fheiceann tusa cochall ildaite Khate, a chuirfeadh téada ar thrálaer. Ní fheiceann tú sciortáin Jim, ná comrádaithe Mhicil ag coinneáil comhluadair leis. Tá tú den tuairim gur críonta ag aois atá na créatúir sin. Meas tú an bhfeiceann siadsan do thochas?"

"Ach ní féidir tochas a fheiceáil." Ba bheag nár scread Mike an abairt. Bhí fonn air a sheacht mallacht a chur ar an bhfear eile. Bhí sé tinn tuirseach de anois. Faraor nach dtagann Jason, ar sé leis fhéin.

"An bhfuil tú cinnte nár chaith tú tamall ar coláiste?" arsa Séimín, go magúil an iarraidh seo.

Bhí an straois ar ais air. An t-aon fhiacail anois mar theach solais ina dhrad.

Nuair a thiocfas Tom abhaile

Is cosúil le Tom seo againne thú, a deir sí. Í ag dúnadh doras an chairr agus dá socrú fhéin ar an suíochán le m'ais. Chaith mé an mála a bhí aici siar ar an suíochán cúil. Thart ar an aois chéanna, a deir sí, le gruaig dhubh chatach, liathchan beag thart ar na cluasa, cosúil leat fhéin go díreach. Cé hé Tom? arsa mise. Mo mhac, a deir sí. Mo mhaicín atá amuigh san Astráil le chúig bhliana déag. An créatúr, nach fada ó bhaile a chuaigh sé. M'anam nach bhféadfadh sé a ghabháil níos faide ó bhaile, arsa mise. Bhí a héadan mar mhapa na Spáinne. Na haibhneacha uilig ag gabháil an treo céanna ina baithis. Í idir trí scór agus céad bliain d'aois. Ach na súile sin! Ní raibh na súile lá thar an leathchéad. Donn, domhain agus meabhrach. A cuid gruaige daite. Dath álainn corcra. Nó dúghorm? Í ard, tanaí, caite. Gléasta san éadach ba faiseanta. Maorgacht eicínt ag baint léi. Ní bheadh sí seo as áit i gceann de na tithe móra a bhíodh ag na huaisle. Is cinnte go raibh sí galánta ina hóige. An chosúlacht sin fós ar a haghaidh, agus ar a colainn. Bhí an dá láimh leagtha ar a glúine aici mar a bheadh banríon, í ina suí go hard, go díreach.

Tom bocht, a deir sí.

Tom bocht a bhí ceaptha a theacht abhaile inniu. Ach níor tháinig. An lá caite ag an stáisiún agam. Ag faire agus ag feitheamh le gach traein dá dtáinig ó mhaidin. Ó, tháinig traein, agus sé cinn acu, ach mo léan, níor tháinig mo Tom bocht.

Agus inniu a bhí sé le theacht. Inniu, go cinnte. Tá mo chuid dátaí ceart agam.

An tríú lá déag. Nach é inniu an tríú lá déag?

Is é, a deir mise.

Chúig bhliana dhéaga mhóra fhada. Chonaic mé é, tá a fhios agat. Anuraidh. Bhí mé san Astráil anuraidh. Thall i Sydney. Ó, dá bhfeicfeá an chathair sin. Cén t-ainm atá ort? Máirtín, a deirimse.

Ó, a Mháirtín, dá bhfeicfeá an chathair sin. An áit is áille ar domhan. Na foirgnimh.

An Opera House. Na daoine. Tá siad go hálainn. Na daoine chomh tíriúil.

Cheapfá gur sa mbaile a bheifeá.

Bhfuil fhios agat, a Mháirtín, go dtéann an t-uisce thart timpeall an bealach eile san Astráil. É ar an taobh eile den domhan. Tom bocht.

Nuair a thiocfas Tom abhaile ní bheidh mé ag siúl. Ní fhágfadh Tom ar an mbóthar thú. Dá bhfeicfeá an carr atá aige, a Mháirtín. Máirtín atá ort, nach ea, sea. Tá sí san ainmhéid. Í chomh fada. Dath dúghorm uirthi. Ó, is breá í carr Tom.

Ní raibh agam ach é, tá a fhios agat. An t-aon mhac. Nach fada ó bhaile a d'imigh sé. Agus cáilíochtaí aige. D'fhéadfadh sé post ar bith a bheith aige sa tír seo.

Ach ní raibh maith ag caint leis. Tá a fhios agat fhéin. An óige. Bhí Tom siúlach ó rugadh é.

Ach ní raibh maith ag caint leis. Phós sé thall, tá a fhios agat. Bean ón Astráil. Beirt ghasúr. Iad chomh múinte, na créatúir. Bíonn an oiread fáilte acu romham, nuair a théim anonn . . . Bíonn tú thall go minic, mar sin, a deirimse, ó fuair mé an deis. Chuile bhliain, a Mháirtín. Máirtin atá ort, nach ea, sea. Chuile bhliain, a Mháirtín, . . . bhuel ó rugadh na gasúir dóibh. Tá siad ina ndéagóirí anois. Is fada liom go dtiocfaidh siad go hÉirinn. Níl a fhios agam cén fáth nár tháinig siad inniu. Tá súil agam nár tharla tada don eitleán. Is fada an t-achar é. Ón taobh eile den domhan. Nach dtógann sé seachtain orm fhéin ag dul ann. Bíonn mo chroí i mo bhéal. B'fhéidir go dtiocfaidh siad amáireach. Bhí mé cinnte gur inniu. B'fhéidir amáireach . . . Oibríonn sé chomh crua sin, an créatúr. Ag pleanáil agus ag tógáil na dtithe móra sin. Bhfuil a fhios agat go bhfuil tú fíorchosúil leis, a Mháirtín. Ó, is fada liom a theacht. Go bhfeicfidh mé na gasúir. Ar ndóigh ní gasúir iad anois . . . Cá'il cónaí ort? Thapaigh mé an oscailt.

Tá píosa eile orainn, a Mháirtín. Tá. Píosa fada. Níl sa mbaile ach Joe. Mo dheartháir, tá a fhios agat. Ní bhíonn Joe go maith, an diabhal bocht. Níl Joe go maith le fada an lá. Tá a fhios agat an tinneas sin. Sa gcloigeann. Níl Joe ceart sa gcloigeann. Ná leathcheart. Tá mise ag tabhairt aire do Joe le fiche bliain anois. Ó fágadh i mo bhaintreach mé. Fiche bliain ó cailleadh Micil. Chuir sé go leor as do Tom bocht. B'fhéidir gur mar gheall air sin a chuaigh sé chomh fada sin ó bhaile. Bhris sé a chroí nuair a fuair a athair bás. Ghoill sé go mór air.

Cén fáth nach ngoillfeadh, a deir tú. Ach tá sé ag teacht

abhaile ar deireadh, le fanacht, a deir sé. Sin a dúirt sé sa litir dheireanach. Tógfaidh sé féin teach nua. Tá an cheird aige. Chuile cheird ag Tom, bail ó Dhia air. Murach Joe a bheith tinn, bheinn i mo chónaí san Astráil le Tom. Caithim súil a choinneáil ar Joe. Lá agus oíche. Níl neart aige air. Tá a intinn scaipthe, tá a fhios agat. Ach nuair a thiocfas Tom, beidh gach rud ceart. Tom bocht, is fada liom go dtiocfaidh sé. Thaitneodh Tom leat, a Mháirtín. Máirtín atá ort, nach ea, sea. Thaitneodh. Tá tú cosúil leis. An bealach céanna le Tom. É chomh ciúin, socair. Gan mórán le rá aige. Cosúil leatsa. Is é atá go maith dhom. Ní raibh aon ghanntan orm ó d'imigh sé. Chúig bhliana déag ó shoin. Nach fada an píosa é gan an baile a fheiceáil. Ach níl sé éasca. Dá mairfeadh Micil. Muise, beannacht Dé leat, a Mhicil. Nach aisteach mar a athraíonn sé an saol nuair a fhaigheann duine bás.

Bhfuil a fhios agat, a Mháirtín, nach bhfuil rud ar bith a ghoineann an croí chomh mór leis an áit fholamh a bhíonn fágtha gan scáile nuair a leagtar an crann. Deireadh m'athair féin é sin. Cuimhnigh ar an rud atá mé a rá leat, a Mháirtín. Máirtín atá ort, nach ea, sea. Fiafraigh de Tom seo againne é, nuair a thiocfas sé abhaile. Tá a fhios ag Tom é. Tá a fhios ag Tom go leor. Murach sin ní dhéanfadh sé chomh maith san Astráil. Tá an-mheas ar Tom san Astráil. Aithne ag chuile dhuine air. Chuile dhuine i Sydney.

Bhí mé cinnte dearfa go dtiocfadh sé inniu. Amáireach b'fhéidir. Má bhíonn tú sa mbaile mór amáireach, feicfidh tú Tom. Aithneoidh tú go héasca é. É cosúil leat fhéin. Má bhíonn tú sa mbaile mór amáireach, téigh go dtí an stáisiún. Ó, níl áit ar bith chomh huaigneach le stáisiún traenach. Is cuma ag teacht nó ag imeacht.

Tá sé fuar i gcónaí. Agus folamh, a Mháirtín. Fiú nuair atá sé plódaithe le daoine. É seacht n-uaire níos measa nuair nach bhfuil Tom ar an traein. Á, muise, a mhaicín, cá'il tú anois? Thost sí go tobann. Thug mé stracfhéachaint uirthi. Bhí deora móra ag brú as a súile, ag rith síos a héadan. Ní raibh focal agam le foighid a chur inti. Anois agus í ina tost, ní raibh smid asam. Ba í an díol trua í, ina suí ansin le m'ais, go díreach agus go hard, a dá láimh leagtha ar a glúine. Ní dhearna sí iarracht na deora a chosc ná a thriomú, ach shín sí siar a lámh agus thóg an mála den suíochán cúil. Leag ar a glúine é. An bhfeiceann tú, a Mháirtín, na litreacha a sheol sé chugam. Lán an mhála seo de litreacha. Tá siad anseo agam. Chuile cheann ariamh acu. Na céadta. Chuir sé ceann chugam chuile sheachtain, tá a fhios agat. Nach maith an maicín é Tom.

Ní dhearna sé faillí ariamh. Nuair a thiocfas Tom abhaile, caithfidh mé ceol a bheith sa teach agam. Nach maith an oidhe air é. Tiocfaidh tú, a Mháirtín. Tiocfaidh tú mar tá tú cosúil leis. Inseoidh mé dó faoin lá inniu. Gur thug tú abhaile ón mbaile mór mé. Gur duine deas lách thú, cosúil leis fhéin. Sea, beidh cóisir sa teach agam . . . beidh.

Bhfuil sé i bhfad eile, arsa mise, ó fuair mé an deis.

Is gearr uait anois. Is gearr uait anois. An bhfeiceann tú na tithe sin? Ag an gcrosbhóthar ansin. Tom a thóg iad sin. Sé cinn acu, sular imigh sé. Is iomaí teach breá tógtha ó shoin aige. Chonaic mé iad. Is mór an spóirt iad.

Feiceann tú an teach sin, ar thaobh do láimhe clí? Sin é an teach seo againne.

Sin é Joe sa ngairdín. Tá an-suim ag Joe sna bláthanna.

Cineál teiripe is dóigh. Déanann sé maith an domhain dó. Caitheann sé a lán ama sa ngairdín. Níl an créatúr go maith. Ná tabhair mórán airde ar a mbeidh le rá aige. Tá a fhios agat fhéin . . . Óra, a Joe. Thug an fear óg seo abhaile mé. Nach maith é. Seo é Máirtín. Máirtín, nach ea, sea. Seo é Máirtín. Go raibh maith agat, agus fad saoil agat, a Mháirtín . . . Tá súil agam, a dhuine uasail, nár chuir sí an iomarca trioblóide ort. Is dóigh nach dtug sí mórán deis chainte dhuit. Níor thug muis, a Joe. Ní raibh i gceist aici ach Tom. Níor airigh mé an t-am ag imeacht. Tá sí an-cheanúil ar Tom. Tá sí buartha mar nach dtáinig sé inniu . . . Buartha a bheas sí, a stór. Ar ndóigh ní hé seo an chéad uair aici an scéal sin a inseacht. Meath na seanaoise. Níl sí ann uilig. Tá a fhios agat fhéin. Níl sí go maith le blianta fada. Tá mé fíorbhuíoch díot, a Mháirtín. An-bhuíoch. Ar ndóigh, d'fhéadfadh rud ar bith tarlú di ar an mbóthar. An trácht chomh trom sin. Bíonn go leor daoine aisteacha ag taisteal freisin. Bíonn an-imní orm di.

Bhfuil a fhios agat, a Mháirtín, go bhfuil tú fíorchosúil le Joe Beag, mo mhac. Thart ar an aois chéanna, le gruaig dhubh, catach. Ní raibh sé sa mbaile le chúig bhliana déag. San Afraic Theas atá sé. Joe Beag bocht, an créatúr, nach fada ó bhaile a chuaigh sé. Bhí mé ar cuairt chuige anuraidh, tá a fhios agat. Thall i Pretoria.

Ó, dá bhfeicfeá an chathair sin, a Mháirtín. Ó, dá bhfeicfeá an chathair sin. An áit is áille ar domhan. Tríocha milliún duine. Iad chomh tíriúil. Cheapfá gur sa mbaile a bheifeá, a Mháirtín. Máirtín atá ort, nach ea . . .

Dúnta

D'oscail sé an doras sula raibh d'am agam bualadh. Mar a bheadh fios aige go raibh mé ag teacht, nó go raibh sé ag súil go dtiocfadh duine eicínt. É toirtiúil, dea-ghléasta. Shín sé amach a lámh ag fáiltiú romham go croíúil. Bhraith mé go raibh áthas an domhain air mé a fheiceáil. Bhraith mé freisin, leis an bhfáilte a chuir sé romham, go mb'fhéidir nach raibh cúrsaí gnó chomh folláin sin.

Is breá é do theach.

Níl aon chaill air. Teach mór é, le deich gcinn de sheomraí. Iad uilig *en-suite*. Áit chomh compordach is a d'fhéadfá a fháil i do shiúl lae. Áit spraoi do ghasúir ar cúl.

Tá folúntais agat?

Chuimil sé a lámha ar a chéile.

Tá muis. Chuile sheomra folamh. Agus ar an bpraghas céanna is a bhí deich mbliana fichead ó shoin. An bhliain sin a dtáinig an Pápa go hÉirinn. Dá bhfeicfeá na sluaite ag tarraingt ar an teach seo an fómhar sin. Ní fhaca mé an oiread tóir ar sheomraí ariamh. Iad ag baint na sálaí dá chéile. Bhí scuaine ón ngeata sin amuigh go dtí an spota ina bhfuil tú i do sheasamh. Iad féin ag ithe a chéile agus ag mallachtú a chéile. Ba ansin a bhí na mionnaí móra dá gcaitheamh. Mar a bheadh spallaí ann. Chuile dhiabhal acu ag iarraidh a bheith ag ceann an scuaine. Nach gceapfá gur ócáid bheannaithe, shollúnta a bheadh i dteacht an Phápa go dtí Oileán na Naomh.

Ar ndóigh ba ea.

Ba é a mhalairt a chonaic mise ar an tsráid seo. Dá gcloisfeadh an Pápa an chaint a bhí ar an tsráid seo an lá sin, chasfadh sé ar ais.

Rinne tú do shaibhreas an tseachtain sin is dóigh?

Ní dhearna muis.

Ní admhódh fear gnó é ar aon bhealach.

M'anam nach ndearna mé pingin rua. Bhí an áit seo dúnta.

Dúnta?

Sea. Bíonn an áit seo dúnta i gcónaí.

Ach céard faoin gcomhartha mór lasta amuigh ag an ngeata?

Céard faoi?

Deireann sé go bhfuil folúntais ann.

Tá an comhartha ceart. Ní dhéanann an comhartha sin aon bhréag. Ní athraíonn sé a intinn ariamh.

Ach ní thuigim. Tá seomraí folmha agat.

Céard nach dtuigeann tú, a stór?

Go bhfuil tú dúnta.

Agus cén locht atá agat air sin?

Mar go bhfuil tuirse orm. Teastaíonn leaba go géar uaim.

Má tá tuirse ort, a stór, níl neart agamsa air sin. Tá an áit seo dúnta.

Ach cén fáth nach bhfuil sé ar oscailt?

Mar tá sé dúnta.

Ní dhéanann sé aon chiall teach aíochta a bheith dúnta.

Déanann sé ciall. Murach go ndéanann sé ciall, ní

bheinn dá dhéanamh ar chor ar bith. Bainimse an-sult as an saol ar an gcaoi seo. Tá mé uathúil sa tír. Níl aon teach aíochta eile ag tabhairt na seirbhísí seo ach mise. Ach feicfidh tú go mbeidh sé sa bhfaisean amach anseo.

Ach níl tú ag tabhairt aon tseirbhís.

Ó, tá dul amú ort. Dul amú mór. Ceapann tú de bharr go bhfuil an áit dúnta nach dtugaim aon tseirbhís. Ach tá mé ag tabhairt seirbhís ar bhealach difriúil. Ar ndóigh ní peaca é rud a dhéanamh ar bhealach nua.

Ach níl tú ag déanamh tada d'aon duine. Nach bhfuil tú dúnta i gcónaí.

Agus céard atá tusa a dhéanamh d'aon duine ag an bpointe seo?

Tada. Ach ní mar a chéile an dá rud.

Cinnte, ní mar a chéile. Dá mbeadh chuile rud, agus chuile dhuine, mar a chéile, ní bheadh cuma ná caoi orainn. Bheadh an saol lofa le leadrán. Dá mbeadh mise ar nós tusa, bheinn i mo sheasamh ag an doras seo ag tóraíocht leaba i gcomhair na hoíche, i dteach atá dúnta. Nach suarach, truamhéalach an cineál saoil a bheadh agam.

Ach tá mo bhealach fhéin liomsa. Tá mé ag taisteal. Tá mé traochta. Ba mhaith liom áit le síneadh. Sin é an fáth a bhfuil mé anseo.

Ach ní hin é an fáth a bhfuil mise anseo. Caithfidh cothromaíocht a bheith sa saol. Sin an fáth nach féidir leat fanacht sa teach seo anocht. Cothromaíocht. Sin an fáth atá liomsa. Dá dtabharfainn cead duit fanacht anseo, bheinn ar nós chuile dhuine eile. Nach dtuigeann tú gur mar sin atá, agus gur mar sin atá ceaptha?

Ach cé a cheap é?

Breathnaigh mar seo air. Beidh sé níos éasca duit an rud a thuiscint: Tá isteach is amach ann, nach bhfuil?

Tá.

Tá síos agus suas ann, nach bhfuil?

Tá . . .

Tá anonn agus anall ann, nach bhfuil?

Tá . . .

Tá saibhir agus daibhir ann, nach bhfuil?

Tá . . .

Tá óg agus aosta ann, nach bhfuil?

Tá . . . ach . . .

Tá oscailte agus dúnta ann, nach bhfuil?

Tá . . . ach . . .

An dtuigeann tú fós é? Ní thuigeann, a dhuine bhoicht. Má tá daoine saibhir in áit amháin, caithfidh daoine a bheith bocht in áit eile. Sin cothromaíocht. Má tá rud eicínt oscailte, caithfidh rud eicínt eile a bheith dúnta. Sin cothromaíocht.

Ach ní thuigim . . .

Tá Liombó ann nach bhfuil?

Tá, ach tá sé dúnta le roinnt blianta anois.

Go díreach.

Ach céard atá le déanamh ag Liombó leis seo?

An bhfeiceann tusa aon duine ag iarraidh dul go Liombó? Ag bualadh ar an doras, ag iarraidh dul isteach ann?

Ní tharlóidh sé sin, ceapaim.

Agus cén fáth nach dtarlóidh sé?

Mar tá Liombó dúnta.

Go díreach glan, a stór. Tá Liombó ansin i gcónaí agus é dúnta. Díreach mar atá an áit seo.

Ní mór domsa áit a fháil go gairid. Tá mé traochta de bharr taistil. Tá mé ag tnúthán le leaba.

Tá seomraí breátha agamsa anseo. Leapacha deasa compordacha. Athraím an t-éadach ar na leapacha chuile dheireadh seachtaine. Ní iarrfá éirí go brách dá bhfanfá anseo. Agus d'fhéadfá fanacht anseo, murach go bhfuil sé dúnta.

An dtuigeann tú go bhfuil tú ag scaoileadh saibhris thart de bharr tú bheith dúnta? Tá tú ag cailleadh go leor airgid ar an gcaoi a bhfuil tú.

Ní chailleann airgead ach daoine a bhíonn ag déanamh airgid. Níl mise ag déanamh aon airgead, agus dá bhrí sin níl mé ag cailleadh aon airgead.

An bhféadfadh sé go mba é an Pápa a dhún an áit seo, mar a rinne sé le Liombó?

Ní raibh an Pápa anseo ar chor ar bith.

Ach fainic nárbh é a theacht a dhún an áit. Cineál míorúilt bheag phríobháideach?

Ó, a stór, ní mba ea, ach na daoine a tháinig anseo mar gheall ar chuairt an Phápa.

Agus nach mba é an Pápa a thug na daoine chuig an gceantar!

Ní mba é, a stór. Ba iad na daoine a thug an Pápa chuig an gceantar. Níor thug an Pápa aon duine anseo.

Cén fáth nach mbaineann tú anuas an comhartha sin amuigh agus comhartha a chur suas a deireann *"Dúnta"*.

Ní bheadh aon chiall leis sin. Cén tairbhe a bheadh d'aon duine a bheith ag breathnú ar chomhartha a deireann *"Dúnta"*?

Dá mbeadh an comhartha sin thuas, ní bheinnse anseo ag lorg dídine in áit nach bhfuil sé le fáil.

Ach níl mise ag tabhairt le fios d'aon duine go bhfuil dídean le fáil acu anseo.

Nach bhfuil "*Folúntais*" ar an gcomhartha amuigh.
Tá, ach níl sé ag rá ach an méid sin. Níl sé ag rá gur
féidir le duine fanacht anseo.

Ach tháinig mise isteach chugat mar gheall ar an
gcomhartha sin amuigh!
Sin é an fáth go bhfuil an comhartha sin ann.
Ach tá sé ag cur daoine amú.
Breathnaigh, a stór. Ar tháinig tú trasna ar chomhartha
a deir "*Fir ag Obair*"?
Tháinig.
Agus an raibh fir ag obair?
Ní raibh ach . . .
Agus ar tháinig tú ar chomhartha a deir "*Meaisíní Móra
ag Trasnú*"?
Tháinig ach . . .
Agus an raibh na meaisíní ag trasnú?
Ní raibh ach . . .
Go díreach, a stór. Ní raibh. Ar chuir na comharthaí sin
aon duine amú?
Níor chuir ach . . .
Níor chuir an comhartha seo agamsa duine amú fós. Ar
chuir sé tusa amú? Tá a fhios agat cá'il tú, nach bhfuil a
fhios?
Tá a fhios agam cá'il mé ach níl aon mhaith dom bheith
anseo. Tá mé ag cur ama amú.
Ní chuireann aon duine am amú, a stór. Is é an t-am a
chuireann an duine amú. Tá dalladh ama thart orainn. Mar
a bheadh ceo draíochta, dofheicthe ann. Cuireann sé amú
go minic muid. Ag iarraidh breith air agus gan é ann. É ag
cleitearnach agus ag cliféáil linn mar a bheadh cleabhar le
bó.

Dá mbainfeá anuas an comhartha, ní bheadh daoine ag triall ar do theach aíochta. Nach mar sin ab fhearr.

Ach má bhainim anuas an comhartha, ní bheidh saol ar bith agam.

Ach nach mba aisteach an cinneadh a rinne tú gan an áit a fhágáil oscailte.

Ní gan an áit a fhágáil oscailte, ach an áit a bheith dúnta.

Ó aimsir an Phápa!

Níl a fhios agam an raibh Liombó dúnta nuair a tháinig sé go hÉirinn. Is é mo bharúil go raibh an áit seo dúnta roimh Liombó.

Ar aon bhealach, ní raibh lá saoire agamsa ó shoin. Gnóthach i gcónaí. Chuile lá ar mo chois, agus go mbíonn sé amach san oíche scaití. Rud nach bhfuil éasca.

I do sheasamh anseo, le teach aíochta breá, dúnta de bharr go dtug na daoine an Pápa go hÉirinn!

Nuair a chuala mise na daoine sin ag sclamhaireacht agus ag scláradh ar an tsráid seo, ba ansin a thuig mé nach raibh aon chiall le mo ghnó. D'imigh siad leo amach an geata sin agus a ndrioball idir a gcosa deiridh. Stop an eascaine, na mallachtaí agus an diamhasla ar an bpointe boise. Stop an t-uabhar, an tsaint, an fearg, an craos, an tnúth, an leisce, an toncáil agus an tónachán.

Ar chuala tú ciúineas ariamh? Chloisfeá é dá mbeifeá le mo thaobh an lá sin, nuair a bhí na hamhais sin imithe amach. Bhí sé mar nach mbeadh fuaim ar bith sa saol. Ciúineas agus síocháin in éineacht. Níor chuala é ach mise. Chuir sé aoibhneas an tsaoil orm. Murach go bhfuil an áit dúnta, bheinn i mo bhaileabhair.

Rinne mé ceiliúradh mór anuraidh ar chuairt an Phápa go hÉirinn. Deich mbliana fichead. Bhí cóisir agam anseo. Nár mhaith uait sin a dhéanamh. Bhí slua mór i láthair is dóigh? Ó, a stór, ní raibh. Ní raibh ann ach mise . . . ach b'fhéidir go gceapann tusa nach bhfuil ionam ach sciodramán. Ó, níor dhúirt mé é sin. Tá a fhios agam go bhféadfainn fanacht i gceann de do chuid seomraí galánta anocht. Go mbeadh codladh breá agam, agus suaimhneas. Go mbeinn i m'fhear úr nua ar maidin. Ach ní bheidh mé ag fanacht anseo anocht. Agus cén fáth nach mbeidh tú ag fanacht anseo anocht? Mar tá an áit dúnta. Dúirt tú é, a bhuachaill. Tuigeann tú ar deireadh. Tuigeann tú anois, nach dtuigeann . . . nó an dtuigeann?

Cinniúint

"Tá mé ag éirí róshean don dreapadóireacht seo," a deir Máirín léi fhéin, agus í leath bealaigh suas ar an dara hurlár in ospidéal Pháirc Mheirlinne. "Ach caithfear é a dhéanamh ar fhaitíos." Dá mbeadh ciall aici, ghabhfadh sí isteach san ardaitheoir agus ní bheadh aon stró uirthi. Ach níor thrust sí ardaitheoir ariamh. Bheadh faitíos uirthi go stopfadh sé idir urláir agus nach mbeadh a fhios ag aon duine go raibh sí istigh ann. D'fhéadfadh sí a bheith ag béiceach go ceann bliana agus ní chloisfí í! B'fhearr léi ag lámhacán suas an staighre. Bhí sé i bhfad Éireann níos sábháilte.

Tharraing sí suas na cúpla coiscéim deireanach í fhéin. Ag barr an staighre stad sí, de bharr giorranáil a bheith uirthi. Bhí pianta ina cuid ioscaidí agus ina droim, ach ba chuma léi. Nuair a théann duine in aois, caitear cur suas leis na pianta seo. Níl aon mhaith ag casaoid.

"*Are you ok?*"

Banaltra a bhí ag dul thar bráid a chuir caidéis uirthi.

"*Yes, thank you. I'm fine.*"

B'fhearr di corraí nó cheapfaidís go raibh rud eicínt mícheart léi.

Shiúil sí go mall i dtreo seomra uimhir a seacht. Casadh othair di ar an mbealach, ach ba bheag aird a thug sí orthu.

Í cineál eaglach mar a bhí sí ó thosaigh sí ag teacht anseo seachtain ó shoin. Bhíodh faitíos uirthi go mbeadh an leaba folamh ar theacht di.

Bhreathnaigh sí isteach tríd an ngloine bheag a bhí sa doras, agus chonaic sí go raibh banaltra sa seomra leis. Bhuail drogall í. Bhí sí idir dhá chomhairle an ngabhfadh sí isteach nó an bhfanfadh sí tamall beag sa seomra feithimh.

Ba é an seanscéal céanna i gcónaí aici é. Thagadh an tsnaidhm ina bolg gan bhuíochas di.

"*Do you wish to see him?*"

Bhain an glór geit as Máirín. Níor airigh sí an doras ag oscailt. Bhí an bhanaltra ina seasamh sa doras. Aghaidh cheisteach uirthi.

"*Yes, please, Nurse,*" arsa Máirín, go cúthail.

"*Are you a relative?*"

"*No, no, I'm an old friend, I don't know if he's got anyone else.*"

"*Please don't tire him. He's still weak after his operation, and he's confused.*"

"*Don't worry, Nurse, I just want to sit with him for a while.*"

Sheas an bhanaltra go leataobh, agus shiúil Máirín isteach.

Bhí sé díreach mar a bhí sé inné – cé is moite go raibh an masc tógtha dá bhéal. Nárbh aisteach mar a bhreathnaigh sé leis an masc plaistic sin! Gléas deoranta ag pumpáil ocsaigin, ag líonadh scamhóga a líon iad fhéin le breis is trí scór is deich mbliana. Bhí tiúb ina bhéal anois, agus tiúbanna amach as a thaobh, mar a bhí inné. Málaí beaga ceangailte ar thaobh na leapan. Brach agus nimh ag sileadh isteach iontu as na créachta.

Bhí an fear bocht chomh caite, tanaí is go gceapfá nach raibh colainn ar bith faoin bpluid. Bhí a shúile dúnta inniu freisin. Cheap sí go raibh dath níos fearr ar a éadan. Ní raibh sé chomh báiníneach. Bhí an phluid ag ardú agus ag ísliú go rialta. Gan é ag análú leath chomh sciobtha is a bhí sé inné.

Bhí sí ar scanradh an fhad is a bhí sí sa seomra leis an lá roimhe sin. Ag análú chomh sciobtha sin gur cheap sí go raibh sé ag teannadh leis an deireadh. Bhí faitíos uirthi ceist a chur ar an dochtúir. Faitíos roimh an bhfreagra.

Ach bhí cuma níos fearr inniu air.

Shuigh Máirín ar an gcathaoir a bhí le taobh na leapan. Bhí sí buíoch nach raibh sa seomra ach an t-aon leaba. Ón aithne a bhíodh aici air, bheifí ag dul in aghaidh an nádúir dá mbeadh comhluadar sa seomra leis.

Bhí an leaba idir Máirín agus an fhuinneog mhór a bhí ag scaoileadh isteach grian úr-nua an earraigh. Bhí na hacraí glasa le feiceáil aici tríd an bhfuinneog. Na céadta crann ag dúiseacht. Ag borradh. Ag bachlú.

Séasúr an fháis leis na sála ag séasúr an bháis. Am dóchais.

Smaoinigh Máirín ar chrann eile, le taobh aibhinne, blianta, blianta fada ó shoin. Fear óg agus cailín óg ina luí faoin gcrann agus an saol mór amach rompu. Iad óg agus aineolach. Gan beann dá laghad acu ar aon ní saolta. Duine acu chomh cúthail leis an duine eile.

Brionglóidí, agus gealltanais na hóige!

D'iompaigh Máirín a cloigeann agus bhreathnaigh sí ar an leaba. Bhí sámh fós air.

Ina hintinn fhéin chonaic sí aríst é ag siúl aníos an bóthar go dtí an teach. Fear breá óg, aerach, a láí ar a ghualainn aige. Ba í an láí an t-aon uirlis a chleacht sé. Deich mbliana caite thart sa gceantar aige, a deir sé lena hathair. Níor casadh le Máirín ariamh é go dtí sin. Ag múineadh scoile a bhí sí fhéin. Ní raibh ag a hathair ach í. Beagnach gach bliain thógadh a hathair duine – nó beirt scaití – le cúnamh a thabhairt dó ar an bhfeirm. Ní bhíodh aird dá laghad ag Máirín ar aon duine acu siúd. Ach Marcas! Ba é Marcas a chuir an cor ina cinniúint an lá údan agus gan é i bhfoisceacht urchar cloiche den teach. An tarraingt aisteach sin, idir dearfach agus diúltach. Ní bheadh saol Mháirín arís go brách mar a bhí.

Ba é an fear cúthail, dathúil, éirimiúil seo a thógfadh a hanam. A d'ardódh suas sna spéartha í. A ligfeadh uaidh í, agus a dhéanfadh smionagar dá croí.

Bhreathnaigh sí ar an gcnap cnámhach a bhí sínte faoi phluid éadrom ospidéil. Ní le drochaigne ná le droch-chroí ach le gean.

Is dóigh go raibh a fhios aici ón gcéad lá nach mbeadh sé ag fanacht i bhfad. Ní fhanadh aon duine acu. Cibé cén mhallacht a lean iad, agus a d'fhan leo, d'imídís mar le gaoth nó mar le sruth. Fánaithe – nach raibh ariamh sásta in aon áit amháin, agus nach mbeadh go brách. Daoine aonaracha a chaitheadh a saol ag plé le talmhaíocht ach nár smaoinigh ariamh rúta a chur. I gcónaí ag obair do dhuine eicínt eile. Ag glanadh clocha as páirceanna, ag tógáil claíocha móra, ag baint tomacha.

Bhí gean ag Máirín ar Mharcas ón gcéad lá ar leag sí súil air. Fear chomh dathúil le aon fhear a chuir cos i mbróg. É déanta ón táilliúr.

"*Are you alright in there?*"
Tharraing glór na banaltra intinn Mháirín ar ais ar an láthair. Chlaon sí a ceann, ag cur in iúl go raibh gach rud ceart. "*I'll give you another ten minutes or so, and take no notice of his wanderings. It's the anaesthetic, you see.*" "*Thank you, Nurse,*" a deir Máirín.

Amach leis an mbanaltra aríst, agus dhún an doras ina diaidh.

B'fhéidir go mba é glór na banaltra nó an gíoscán beag a rinne an doras a dhúisigh é, nó b'fhéidir go raibh an suan caite aige. D'oscail na súile agus chonaic Máirín aríst an gorm domhain. Chonaic sí freisin go raibh na drugaí fós i bhfeidhm, agus nach raibh ar a chumas í a fheiceáil i gceart. Bhí na súile ag iompú go mall ó thaobh go taobh, agus ba gearr go raibh néal aríst air.

Deireadh sé léi, fadó, gur ón bhfarraige a fuair sé an gorm sin a bhí ina shúile. Ar oileán a rugadh agus tógadh é, agus bhíodh sé go síoraí ag caint faoi, agus faoi na daoine a mhair ann. Bhíodh sé ag inseacht di faoin gcruatan a bhain le saol oileánaigh, go mór mór sa ngeimhreadh. B'fhéidir gur mar gheall ar an gcruatan a d'fhág sé an t-oileán. B'fhéidir go raibh a dhóthain feicthe aige agus go raibh súil aige féin le saol ní b'fhearr. Deireadh sé léi gur thréig sé a oidhreacht, ach deireadh sé ansin go magúil gur fágadh na súile gorma aige mar oidhreacht.

Bhíodh cumha air ag caint ar an mbaile, agus níl cara ag cumha ach cuimhne.

Ní raibh a fhios ag aon duine é sin chomh maith is a bhí a fhios ag Máirín.

Chonaic sí na méaracha criogánacha ag corraí, ach níor oscail na súile. Lámh thanaí, chaite ag síneadh amach ina treo. Féitheacha dúghorma ar dhroim na láimhe. Mar a bheadh rútaí seanchrainn ag rith ar bharr talún. Shín lámh Mháirín amach gan iarracht, agus rinne an dá sheansciathán teagmháil. Sruth leictreach a mhothaigh Máirín. Sruth a chaith na blianta go leataobh. A nocht a smaointe mar a nochtann carraig ar iarthrá. Agus bhí siad óg aríst. Í féin ina spéirbhean. A cuid gruaige ar dhath an óir bhuí. A prionsa lena taobh. An prionsa seo a bhí i ngrá léi. An prionsa a dúirt nach mbeadh aon aird aige ar aon bhean eile go deo na ndeor.

Chaitheadar na séasúir faoin gcrann céanna. Earrach ag bachlú go mórálach. Na duilliúir óga ag sá amach a gceann go haireach, ansin ag briseadh amach go leitheadach.

Foscadh ón ngrian nuair a bhíodh an crann lán. Spraoi agus spóirt agus greann i measc na nduilliúr seargtha a thréig an crann ar theacht an fhómhair.

Ba ag tús an fhómhair a fuair sí an scéala faoin bpost múinteoireachta i Luimneach. Níorbh fhéidir léi an post a dhiúltú.

Thug sí faoi deara an míshuaimhneas a bhuail é nuair a d'inis sí an scéala dó. É ag éirí mífhoighdeach. Mar a bheadh éan imirce. Mar a bheadh fios aige go raibh sé in am na sciatháin a scaradh amach. Aghaidh a thabhairt ar an domhan theas.

Scaití bhíodh a intinn na mílte míle ó bhaile. Gan a leath oiread le rá aige is a bhíodh. An ceann faoi go minic. Gan focal as. D'fheiceadh sí é ina shuí ar chlaí, ag breathnú uaidh. Mar a bheadh duine eicínt, nó rud eicínt, ag glaoch air.

Ghlaoigh Luimneach uirthise agus bhí uirthi imeacht.
Bhí sí dóchasach go bhfanfadh Marcas mar gheall ar an
ngean a bhí acu ar a chéile. Dá dtugadh sí aird ar a croí!
An ball sin dá corp a dúirt léi nach raibh fonn air a mhéar a chur i sealán.
Ba é a hathair a d'fhreagair a céad litir. Bhí Marcas
imithe.

D'éirigh sé maidin amháin – cúpla lá tar éis di imeacht
go Luimneach – agus dúirt sé go raibh sé ag bualadh
bóthair. Ní raibh a fhios ag a hathair cá ndeachaigh sé, mar
ní raibh a fhios ag Marcas cá raibh sé féin ag dul.
An fánaí ag fánaíocht aríst! Le fuinneamh is le faobhar!
Ceanndána! Stobarnáilte!
B'in iad na focla a d'úsáid a hathair sa litir.
Bhí sé geanúil ar Mharcas, ach cheap sé nach raibh ann
ach caolseans go dtiocfadh sé ar ais.
D'airigh sí fáisceadh beag. Fáisceadh beag bídeach ó na
seanmhéaracha caite, nach raibh lán boise iontu dá láimh
bheag féin. An seanbhéal mantach ag iarraidh rud eicínt a
rá, agus ní raibh sí in ann é a thuiscint. Chrom sí a ceann
níos gaire don bhéal. Fós ní raibh sí in ann a dhéanamh
amach céard a bhí sé a rá.
Bhí sí in ann a chroí a fheiceáil ag preabadh ina
chliabhrach thanaí.
Sciorr braon óna súil nuair a ghlan sí an priosla a rinne
a bhealach síos taobh a bhéil.
Léarscáil lom ar an bpiliúr faoina cheann.
Bhí an fhéith mhór a bhí ina mhuineál ag preabadh. An
anáil ag teacht go trom, sciobtha.
Scanraigh sí. Tháinig anbhá uirthi.
Bhrúigh sí an cnaipe beag a bhí ag ceann na leapan.

Tháinig banaltra isteach de sciotán agus scrúdaigh sí é. *"He'll be alright. He's a bit agitated, that's all. But I must ask you to leave soon. You can visit him again another day."* Nuair a bhí an bhanaltra imithe, rug Máirín ar a láimh arís. Nár bheag a bheadh anois ag na lámha caite seo, tar éis an tsaoil. Í beagnach cinnte nach mbeadh aon phingin curtha go leataobh aige, ná ag a leithéid. Ní raibh sé sách críonna. Ní baol go mbeadh oifig ghalánta aige seo. Ná cathaoir mhór bhog ag fanacht leis an gcolainn chloíte, thraochta, spíonta seo. Ní raibh a fhios aige gur do dhaoine eile a bhí sé ag soláthar. Go raibh a gcuid tréada anois ag ramhrú ar thoradh a chuid allais agus é fhéin caite i dtraipisí: treascarnach.

Cá raibh a chuid fostóirí anois?

Bhí Máirín ar fiuchadh le fearg. Fearg léi fhéin. Fearg leisean. Fearg leis an mbóthar a thug sé air fhéin. An sclámhaíocht. An drochíde.

"Dá bhfanfainn sa mbaile, in áit dul go Luimneach, ní bheinn gan oidhre, mar atá mé."

Labhair sí os ard, i ngan fios di féin. Dhearg a héadan. Dá gcloisfeadh sé mé, a deir sí ina hintinn fhéin. Go sábhála Dia sinn, dá gcloisfeadh sé mé.

D'oscail na súile arís, agus bhreathnaigh sé san éadan uirthi. Ní raibh sí cinnte ar aithin sé í. Cén chaoi a n-aithneodh. Cén mearbhall a bhí uirthi? Nach raibh sé chomh fada ó shoin! Gan aige ach seanphictiúr ina intinn ghuagach.

Murach an t-ainm, agus an seoladh ina chuid giuirléidí. Nach iadsan a chuir fios uirthi. Ní eisean.

"An bhfuil . . . tú . . . ?"

Ar éigean a chuala sí na focla a tháinig go lag ón mbéal.
Ag rámhaillí a bhí sé. An intinn ar seachrán. Scaipthe ag na
drugaí. Nár dhúirt an bhanaltra gur mar seo a bheadh. Ní
fhéadfadh sé go mbeadh a fhios aige go raibh sí anseo. Ní
fhéadfadh sé! Bhreathnaigh sí go grinn air. Bhí sé idir
chodladh is dúiseacht. An liombó sin, nuair nach mbíonn
an intinn in aon áit.

Bhí sí idir dhá chomhairle.

"An . . . tú . . ."

An glór níos laige an iarraidh seo. Brath ann agus brath
as aici an cheist a chur air.

Brath ann agus brath as! Faitíos aríst! Faitíos roimh an
bhfreagra.

Dá gcuirfeadh sí an cheist!

"Tá mé . . . anseo, a . . . Mharcais. Tá mé anseo le do
thaobh."

Thit na fabhraí.

Dá dtagadh an buille scoir anois, ní bheadh a fhios aici
go brách!

Chrom sí a ceann. A béal leagtha ar a chluais.

"An bhfuil aon duine ba chóir dom a chur ar an eolas,
a Mharcais. Ar phós tú?"

Anois, bhí an cheist curtha! Níorbh fhéidir í a tharraingt
ar ais!

Ó, a Mhaighdean! Nárbh aisteach an cheist í le cur ar
sheanfhear a bhí chomh lag!

D'airigh Máirín an deargnáire ag éirí ina héadan.
Bhraith sí go raibh gníomh scannalach déanta aici. Aiféala
an domhain uirthi gur chuir sí an cheist. Ach níl breith ar
an gcloch ó chaitear í!

"Ní raibh . . . sí . . ." a deir an glór lag ón leaba. É ag

breathnú anois uirthi. A shúile mar a bheadh coinnle lasta istigh iontu.

An náire fós ar Mháirín. Le feiceáil aige, b'fhéidir, mar a bheadh garraí thart timpeall na gealaí.

"Bhí . . . cailín . . . Bhí . . . sí . . . bhí . . . sí . . . Faraor . . . nár . . . má . . . "

Thosaigh na fabhraí ag ísliú go trom. Ag clúdú na súl. Ag múchadh na gcoinnle. Bhí sí ar bior! Dá beophianadh!

Céard a bhí sé ag iarraidh a rá? Faraor! Faraor! . . . Céard?

Bhí sí mar a bheadh sí ar bhruach aille. Gan fios aici an siar nó aniar a ghabhfadh sí. Mar a bheadh sí idir dhá uisce. Gan a fhios aici an síos nó suas.

Céard a bhí sé ag iarraidh a rá? Faraor nár fhan mé? Faraor nár phós muid? Faraor má casadh ariamh liom í? Ach cé hí? Cé hí? Cé a bhí i gceist aige?

Bhí a ceann ar tí pléascadh de bharr na gceisteanna a bhí ag rith thart timpeall ina hintinn.

Go tobann d'airigh sí mar ionróir. Mar a bheadh a gob sáite aici in áit nár bhain di. Mar a bheadh cos leagtha aici i dtír iasachta. Í ar oileán uaigneach go domhain i bhfarraige.

Bhí ailt a chuid méaracha ag gíoscán agus í ag scaradh a láimhe óna láimh eisean. Gan í cinnte cé acu lámh a bhí taisfhuar. Loinne ag bualadh ina putóg, gan trua.

Bhí sí ag smúrach sa dorchadas. Rudaí aisteacha á dtaibhsiú di. Rudaí a bhí i bhfad óna dúchas. Rudaí nár smaoinigh a croí go dtí anois orthu. Priocadh beag in íochtar a goile. Giniúint síl.

Síol an amhrais, agus an éid.

D'airigh sí mar a bheadh lámh siocfhuar ag fuineadh a croí. Í fuar go smior.

Rith a saol uilig trasna os comhair a hintinne de sciotán. Saol nach raibh ann ach beirt. Nár cheart go mbeadh ann ach beirt.

Ach go tobann bhí sunda sa gcomhluadar. Sunda aisteach, coimhthíoch. Colainn gan éadan. Gan ainm. Sunda a rinne éan corr de Mháirín. A chaith amach í as an nead teolaí a bhí cruthaithe aici di fhéin le cúpla lá.

Tháinig an bhanaltra isteach ag cur in iúl di go raibh an t-am thuas.

D'éirigh sí. Shiúil sí amach go trom. Imní aríst uirthi. Faitíos go dtarlódh tada idir inniu agus amáireach.

Ach céard eile a d'fhéadfadh sí a dhéanamh?

Fágadh ina staic í taobh amuigh den doras. Í dochorraithe. Mar a bheadh laincis uirthi. Mar a bheadh sí feistithe le rópa dofheicthe.

Chroith sí í fhéin. Bhain searradh as a guaillí. Í tromghnúiseach.

Ba in aghaidh a cos a shiúil sí, go mall i dtreo an staighre. Í i bhfad níos troime ag dul síos ná mar a bhí ag dul suas.

Nuair a bhí sí leath bealaigh síos, stop sí. Le hiontas a bhreathnaigh sí ar an naipcín beag, a bhí go dtí sin faoi ghlas ina láimh.

Seo a bhfuil agam anois, ar sí léi fhéin. An priosla a d'éalaigh as a bhéal.

Tá mo Theachín ar an Ardán

Fadó, fadó an lá nó b'fhéidir mí ó shoin thug Seanchaí cuairt ar Aturnae. Bhí socrú déanta roimh ré aige agus shiúil sé isteach an doras mar a dhéanfadh duine ar bith eile. Bhí cailín óg álainn ina suí ag bord mór breá taobh istigh den doras. Bhí sé cinn de chosa faoin mbord, ach ar ndóigh ní orthu a bhí aird ag mo dhuine. Ba chuma leis siúd mura mbeadh cois ar bith faoin mbord. Dúirt an cailín óg álainn leis an Seanchaí siúl isteach chuig oifig an Aturnae. Is éard a dúirt sí dháiríre ná *"Go right through, sir,"* ach d'oscail an Seanchaí an doras, agus chuaigh sé isteach ar an seanbhealach.

Anois ar chuma ar bith, ar sé leis fhéin, tá mé istigh. Agus bhí!

Nuair a chonaic an tAturnae ag teacht é, d'oscail sé amach a dhá láimh, mar a bheadh sé ag gabháil ag caraíocht leis. Ach dhún sé de phlap aríst iad agus thosaigh sé á gcuimilt ar a chéile mar a dhéanfadh gasúr le ruainne smaoise sula mbuailfeadh sé cic air. (Nó sin é an rud a chuaigh trí intinn an tSeanchaí ag an bpointe sin.)

Ná habair liom, arsa an Seanchaí ina intinn fhéin, go bhfuil tusa ag piocadh do shrón san aois a bhfuil tú ann. Má tá, is maith gearr na méaracha a bheadh anois ort. Agus

m'anam má tá fhéin, gur maith atá sé ag gabháil dhuit agus
an bolg atá ort.

    " 'S ar cuimhneach libhse an oíche úd
    A raibh an tsráid seo lán de mharcaigh
    Ag sagairt 's ag bráithre
    'S iad a . . . "

Stop an Seanchaí den amhránaíocht go tobann. Cheap
sé ar feadh nóiméide gur sa mbaile a bhí sé. Sórt dearmad
beag.

    "Fáilte romhat, a dhuine uasail," arsa an tAturnae, ag
síneadh amach a láimhe.

    Bhí an Seanchaí ag breathnú ar an láimh a bhí i ngreim
ina chrúib fhéin.

    Diabhal mórán caitheamh ar na méaracha seo, ar sé ina
intinn fhéin. Ní móide gur chuir an fear bocht seo méar ina
pholláirí ariamh.

    "Ach, a chladhaire, nach tusa an duine uasal, is ní mise,"
arsa an Seanchaí, ag freagairt. "Cén fáth go mbeinnse uasal
is gan tada suntasach déanta agam ar feadh mo shaoil?"

    "Á, bhuel, is deas a bheith múinte," a deir an tAturnae.
"Suigh síos le do thoil."

    Shuigh an Seanchaí ar chathaoir mhór bhog leathair, a
bhainfeadh radharc na súl dhíot dá mbeifeá sách fada ag
breathnú uirthi.

    "Anois," arsa an tAturnae, "ní mór dom inseacht duit,
go n-íoctar mise de réir an nóiméid. Ó leag tusa cois taobh
istigh den doras sin amuigh, tá mo pháighe-sa ag rith."

    "Muise m'anam má tá fhéin, gur maith an oidhe ort é,
a dhuine chóir," a deir an Seanchaí ar ais leis.

Bhí uaireadóir, taifeadán agus *calculator* ar an mbord os comhair an Aturnae.

"Anois, céard is féidir liom a dhéanamh duit?" ar sé.

"Bhuel, seo é anois an chaoi a bhfuil sé, a dhuine chóir," arsa an Seanchaí. "Tá mise anois ag gabháil in aois. Go deimhin fhéin, is minic ag caint leis an mbás mé. Ach níl sé do m'iarraidh fós. Ach tá sé ansiúd ag fanacht liom, agus ba mhaith liom cúpla rud beag a fháil sórtáilte amach sula n-imeoidh mé. Cheapfainn nach bhfuil mórán ama fágtha agam."

Nuair a chuala an tAturnae an méid seo, bhreathnaigh sé ar a uaireadóir, bhrúigh sé a mhéar ar an g*calculator*, agus rinne sé cinnte go raibh an téip ag slogadh gach focal dá raibh ag teacht ón Seanchaí. Bhí sé ag croitheadh a chinn síos agus aníos ag déanamh comharthaí leis an Seanchaí coinneáil air ag caint.

Is cosúil le asal é a mbeadh an *bit* gaibhte i bhfostú ina chuid fiacla, arsa an Seanchaí ina intinn fhéin.

"Brostaigh ort anois," arsa an tAturnae, "tá mo chuid ama an-luachmhar. Níl comhairle dá dtabharfaidh mé duit, ná cor dá gcuirfidh mé díom, ná focal dá labhróidh mé leat, nach mbeidh íocaíocht ag dul dom dá bharr."

"Muise, a chonách sin ort," arsa an Seanchaí. "Ní bhfuair mise íoctha ariamh."

"Agus cén cheird atá agat?" arsa an tAturnae.

"Diabhal ceird ná ceird agam," a deir an Seanchaí.

"Céard a dhéanann tú, mar sin?" a d'fhiafraigh an tAturnae de.

"Diabhal blas ach go n-insím corrscéal is, ar ndóigh, casaim corramhrán. Is seanchaí mé. Nó sin a thugann siad orm ar chuma ar bith."

"Agus céard é seanchaí?" a d'fhiafraigh an tAturnae de, ag breathnú ar an uaireadóir, ag brú a mhéire ar an gcalculator, ag dearcadh go grinn ar an téip.

"Bhuel, fan anois go n-inseoidh mise dhuit céard é seanchaí."

"Tá brón orm, ach caithfidh muid stad anois. Ní oibríonn mé ach go dtí a cúig a chlog sa tráthnóna."

Muise má tá brón ort, is beag dá chosúlacht atá ort, arsa an Seanchaí ina intinn fhéin.

"Nach aoibhinn duit, a dhuine uasail. Ní stopann mise ar chor ar bith. Níl clog ar bith agamsa," a deir an Seanchaí.

"Tar ar ais maidin amáireach ag an naoi a chlog," arsa an tAturnae. "Críochnóidh muid ár gcuid comhrá ansin."

"Maith go leor, a tháilliúir, beidh mise anseo ar maidin," arsa an Seanchaí.

"Ach ní táilliúr . . . ó, feicfidh mé ar maidin tú," a deir an tAturnae.

≈

Bhí sé ag an doras ar maidin lae arna mháirigh, nuair a chas an cailín óg álainn an eochair sa nglas. Shiúil sé isteach ina diaidh. Shuigh sí síos ag bord na sé gcos. Ach ba bheag an aird a bhí aige siúd ar na cosa. Ba chuma leis siúd mura mbeadh cois ar bith faoin mbord.

Nuair a shiúil an tAturnae isteach ina oifig fhéin, dúirt an cailín óg álainn leis an Seanchaí é a leanacht isteach. Is éard a dúirt sí dháiríre ná "Go right through, sir," ach d'oscail an Seanchaí an doras agus chuaigh sé isteach ar an seanbhealach.

Anois ar chuma ar bith, a deir sé leis fhéin, tá mé istigh.

Agus bhí! Nuair a chonaic an tAturnae ag teacht é, thosaigh sé ag tochas a mhullaigh lena dhá láimh, mar a dhéanfadh gasúr a mbeadh míola ina chuid gruaige. (Nó sin é an rud a chuaigh trí intinn an tSeanchaí ag an bpointe sin.) Ná habair liom, arsa an Seanchaí ina intinn fhéin, go bhfuil míola i do chloigeann san aois a bhfuil tú ann. Má tá, is maith gearr na méaracha a bheadh anois ort. Agus, m'anam, má tá fhéin, gur maith atá siad a gabháil dhuit, agus an cloigeann gruaige atá ort.

"'S gur ar an taobh ó dheas de chéibh New York
A landáilfeas mé thall . . . "

Stop an Seanchaí den amhránaíocht go tobann. Cheap sé ar feadh nóiméide gur sa mbaile a bhí sé. Sórt dearmad beag.

"Fáilte romhat a dhuine uasail," arsa an tAturnae, ag síneadh amach a láimhe.

Bhí an Seanchaí ag breathnú ar an láimh a bhí i ngreim ina chrúib fhéin.

Diabhal mórán caitheamh ar na méaracha seo, ar seisean ina intinn fhéin. Ní móide gur mharaigh an diabhal bocht seo aon mhíol gruaige ariamh.

"Ach, a chladhaire, nach tusa an duine uasal, is ní mise," arsa an seanachaí. "Cén fáth a mbeinnse uasal is gan tada suntasach déanta agam ar feadh mo shaoil?"

"Á, bhuel, is deas a bheith múinte," a deir an tAturnae. "Suigh síos le do thoil."

Shuigh an Seanchaí.

Bhí uaireadóir, calculator agus taifeadán ar an mbord os comhair an Aturnae.

Chas sé an téip ar ais ruainne beag, go mbeadh a fhios aige cén áit ar stop an chaint an lá roimhe sin. Chuir an téip sian as.

Is geall le meach ghabhair é, a deir an Seanchaí ina intinn fhéin.

Nuair a bhí chuile shórt ina cheart, labhair an tAturnae. "Anois, lean ort agus inis dom céard is féidir liom a dhéanamh duit. Agus brostaigh. Tá mo chuid ama anluachmhar."

Ar ndóigh mar is gnách lena leithéid, lean an fear eile leis an scéal a thosaigh sé an lá roimhe sin. Lean sé air ag seanchas.

D'inis sé gearrscéalta agus fadscéalta. D'inis sé faoi Helen agus faoi Dheirdre, a bhris na tíortha agus na croíthe. Chuaigh sé thrí Bhallaí Luimnigh agus Léigear Dhoire. Chaith sé seal leis na Fir Bhoilg is Clann Mhíleadh, is le Partalón agus a mhuintir. Chuaigh sé ar an gCruach le Pádraic Naofa, is throid sé le Brian Bóraimhe ag Cath Chluain Tairbh. Rinne sé ardáin de na hísleáin, is ísleáin de na hardáin. Níor fhág sé cnoc ná gleann nach ndeachaigh sé ann, ón gClochaois go Cúirt an tSrutháin Bhuí. Chas sé Brídín Bhéasaí is an Raicín Álainn is Bádóirín Thír an Fhia. Chas sé Máire Mhór is Máire Bheag, Máire Rua is Máire Ní Eidhin. Bhain sé gail as Píopa Ainde Mhóir, is líon sé aríst é. Chas sé lúibíní is láibíní. Chas sé faoin óige is faoin aois. Faoi dhaoine nach raibh ariamh ann is nach mbeidh go brách. Chas sé faoin saol a d'imigh is faoin saol atá fós le theacht.

Chuile lá, óna naoi a chlog ar maidin go mbíodh sé an cúig sa tráthnóna, ar feadh trí seachtainí, níor dhún a bhéal. Bhreathnaíodh an tAturnae ar a uaireadóir. Choinníodh sé air ag luchtú an taifeadáin le téipeanna. Leagadh sé a mhéar, go minic, ar chnaipí an *chalculator*. Bhíodh sé ag cuimilt a lámha dá chéile agus ag tochas a mhullaigh agus bonnaíocha a chos. Bhíodh sé ag tarraingt a chluasa, ag croitheadh a chinn, ag breathnú ar an urlár agus ar an tsíleáil. Bhíodh a ghialltracha ag gíoscán is é ag gearradh fiacal is d'iompaíodh a shúile ina cheann. Bhíodh fonn air an cloigeann a chasadh air fhéin. Bhíodh fonn air breith ar mhuineál air fhéin agus é fhéin a thachtadh. Ach stop an t-uaireadóir é. Agus an *calculator*. Bhí sé ag cailleadh suime sa téip, ach choinnigh sé air ag luchtú an mheaisín i gconaí. Bhí a chuid ama an-luachmhar. Gheobhadh sé íoctha, ar ball, ar chuile nóiméad, chuile théip, chuile bhriathar, chuile anáil, chuile chasadh dá mbainfeadh sé as a thóin ar an gcathaoir, chuile iompú dá mbainfeadh sé as a shúile.

Agus choinnigh an Seanchaí air ag seanchas. Chúig lá na seachtaine ar feadh trí seachtainí. Dhá fhichead uair an chloig sa tseachtain. Céad agus fiche uair an chloig a chaith sé ag seanchas. Carnán mór téipeanna, a mb'éigean a dtógáil den bhord agus a gcur isteach i mála mór dubh agus a leagan i gcúinne na hoifige.

Ní raibh dán ná amhrán ná scéal nach raibh slogtha ag na téipeanna sin. Intinn iomlán an tSeanchaí thíos i mála mór dubh leagtha sa gcúinne.

Tráthnóna an cúigiú lá, den tríú seachtain, dúirt an Seanchaí go raibh a dhóthain ráite. Gach a raibh ina intinn, bhí sé amuigh. Ach, fós, bhí gach a raibh amuigh ina intinn.

Bhreathnaigh an tAturnae ar a uaireadóir. Bhí sé an cúig a chlog go díreach. Den chéad uair ina shaol, dúirt sé leis fhéin go gcaithfeadh sé oibriú deireanach. Bhí ceist amháin aige don Seanchaí fós. Ní raibh sé ag iarraidh an fear seo a fheiceáil aríst Dé Luain. Go deimhin, ní raibh sé ag iarraidh an fear seo a fheiceáil aríst go brách.

"A dhuine uasail," arsa an tAturnae leis an Seanchaí. Bhí an Seanchaí ar tí imeacht amach.

"Ach, a chladhaire, nach tusa an duine uasal is ní mise," a d'fhreagair an Seanchaí. "Cén fáth a mbeinnse uasal is gan tada suntasach déanta agam ar feadh mo shaoil?"

"Á, bhuel, is deas a bheith múinte," a deir an tAturnae.

"Suigh síos le do thoil."

Shuigh an Seanchaí.

"Anois, tá a fhios agat go n-íoctar mise de réir an nóiméid. Ach caithfidh muid cúpla rud a shocrú anois díreach. Ceist agam ort. Cén fáth nó cén t-údar a bhí le do theacht anseo an chéad lá?"

"Rudaí beaga atá le sórtáil amach agam sula bhfaighead bás. Teastaíonn uaim uacht a dhéanamh. Níor mhaith liom go mbeadh trioblóid ar aon duine théis mo bháis, ná go mbeidís ag troid ná ag argóint faoin ruainne beag a fhágfas mé i mo dhiaidh sa saol seo."

"Is furasta sin a réiteach," a duirt an tAturnae. "Ach seo é mo bhille go dtí seo. Beidh cúpla euro eile ag dul air sin nuair a bheas an uacht déanta."

Shín sé an bille trasna chuig an Seanchaí.

"Cé mhéid é fhéin," arsa an Seanchaí.

"Trí mhíle dhéag, dhá chéad seachtú cúig euro, agus tríocha dó cent. Mar a dúras, beidh cúpla euro eile le cur leis."

"Ach níl aon airgead agamsa," a d'fhreagair an Seanchaí. "Níl agam ach mo theachín agus an giodán beag féarach a seasann sé air."

"Agus céard a íocfas mo bhille, mar sin?"

"Bhuel, ní féidir liomsa é a íoc le rud nach bhfuil agam," a deir an Seanchaí.

Dhún an tAturnae a shúile. Thosaigh sé ag tochas a chinn mar a dhéanfadh gasúr a mbeadh míola ina chuid gruaige.

Ansin thosaigh sé ag cuimilt a lámha ar a chéile mar a dhéanfadh gasúr le ruainne smaoise sula mbuailfeadh sé cic air.

Thóg sé píosa páipéir anuas den tseilf ar a chúl, agus ghlaoigh sé ar an gcailín óg álainn a bhí san oifig eile. Tháinig an cailín óg álainn isteach.

"Anois, a dhuine uasail," arsa an tAturnae.

"Ach, a chladhaire, nach tusa an duine uasal is ní mise," a d'fhreagair an Seanchaí. "Cén fáth go mbeinnse uasal is gan tada suntasach déanta agam ar feadh mo shaoil?"

"Á, bhuel, is deas a bheith múinte," a deir an tAturnae, "seo anois an margadh."

"Fág tusa an teach agus an talamh agamsa, agus glanfaidh sé sin do chuid fiacha. An sásaíonn sin tú?"

"Á muise, is furasta mise a shású," a deir an Seanchaí. "Is furasta mise a shású. Bíodh sé ina mhargadh."

"Níl le déanamh agat mar sin ach d'ainm a shíniú in íochtar agus beidh gach rud faoi réir."

"Ach níl léamh na scríobh agamsa, a stór," a d'fhreagair an Seanchaí.

"Bhuel, cuir X ansin, agus beidh an cailín óg mar fhianaise."

"Déanfad agus fáilte," arsa an Seanchaí.

"Rud beag amháin eile," a dúirt an tAturnae. "An

dtabharfá leat an mála téipeanna sin atá thall sa gcúinne?
Tá siad ag tógáil suas spás oifige."
"Muise cén fáth nach dtabharfainn, a dhuine chóir."
Nach é an rud is lú a d'fhéadfainn a dhéanamh dhuit, théis
a bhfuil déanta agatsa domsa."
D'fhágadar slán ag a chéile, agus d'imigh an Seanchaí
leis agus a mhála mór dubh ar a dhroim aige.
Ag glasáil na ndoirse dóibh go gairid ina dhiaidh sin,
chuir an cailín óg álainn ceist ar an Aturnae.
"Cén chaoi a ndéanann a leithéid sin a bhealach tríd an
saol? Níl scoil ná foghlaim air. Níl léamh ná scríobh aige.
Níl ceird ná cáilíocht aige."
D'fhreagair an tAturnae.
"Is beag dá chineál siúd fágtha sa saol seo, agus is mar
sin is fearr é. Tá sé in ann an mála dubh sin a iompar ar a
dhroim, sin an méid. Ach fiafraigh dhó cé mhéid téip sa
mála, agus caithfidh sé mise nó mo leithéid a fhostú chun
iad a chomhaireamh. Níl mise in ann inseacht duit cén chaoi
a ndéanann a leithéid sin a bhealach sa saol seo."
"Seanchaí a thug sé air fhéin, pé ar bith céard is seanchaí
ann."
Seachtain go díreach ina dhiaidh sin, bhí an Seanchaí ag
siúl an bhóthair, mar ba ghnách leis.

"Is tá mo theachín ar an ardán,
'S tá a dhá chea . . . "

Stop sé den amhránaíocht go tobann. Cheap sé ar feadh
nóiméide gur in oifig an Aturnae a bhí sé. Sórt dearmad
beag.
Ach díreach ag an bpointe sin, céard a stopfadh lena

thaobh ach carr mór breá agus an tAturnae taobh thiar den rotha.

"Á, is tú atá agam, a dhuine uasail," a deir an tAturnae.

"Ach, a chladhaire, nach tusa an duine uasal, is ní mise. Cén fáth go mbeinnse uasal is gan tada suntasach déanta agam ar feadh mo shaoil?"

"Á bhuel, is deas a bheith múinte," a d'fhreagair an tAturnae, "ach cá bhfuil mo theach agus mo chuid talún? Is mian liom mo chuid maoine a fheiscint."

"An bhfeiceann tú an teach sin thall, ar thaobh an bhóthair? Sin é mo theach, agus do theachsa," a dúirt an Seanchaí leis.

"Ach sin . . . demountable dwelling. Ar ndóigh, ní teach é sin."

"Bhuel, más é sin an t-ainm atá agat air," arsa an Seanchaí, "agat fhéin is fearr atá fios ar na rudaí sin. Ach, is é mo theach é, agus is é do theachsa é. Rinne mise agus tusa margadh. Coinneoidh mise mo thaobh fhéin, fiú dá mbaintí an dá chois dhíom."

"Cá bhfuil an talamh, mar sin? Is féidir liom teach breá saoire a thógáil air dom féin."

"An giodán sin a bhfuil an teach ina sheasamh air," arsa an Seanchaí. "Go díreach mar atá sa margadh a rinne muid."

"Ach sin é . . . sin é . . . taobh an bhóthair. Nach leis an gComhairle Condae, mar sin, é."

Bhí creathán beag bídeach ag teacht i nglór an Aturnae. (Nó sin a cheap an Seanchaí ag an bpointe sin.)

"Bhuel, is leis an gComhairle Condae atá mise ag íoc an chíosa, go rialta, chuile mhí," a deir an Seanchaí.

Labhair an tAturnae. "Ach ní fiú deich euro uilig é. Ní

fiú chúig euro é. Ní fiú euro amháin é. Ní fiú tada é!" Ní raibh gá le *calculator* anois. "Agat fhéin is fearr atá fios ar na rudaí beaga sin," a deir an Seanchaí. "Níl aon chleachtadh agamsa ar airgead. Ach tusa, bail ó Dhia ort! Fear foghlamtha a fhaigheann íoctha de réir an nóiméid! Níl ionamsa ach seanchaí. Ní dhearna mise tada fiúntach ar feadh mo shaoil. Ach tusa! Is éard thusa ná duine uasal!"

Tháinig dath bocht dearg ar éadan an Aturnae. D'athraigh an dearg go dúghorm. Cosúil le turcaí a mbeadh sprochaille air. (Nó sin a cheap an Seanchaí ag an bpointe sin.)

D'athraigh an dúghorm go bánliath, agus chuir sé strainc air fhéin. Cosúil le seanrón ar bharr charraige le linn rabharta mór na Féile Bríde. (Nó sin é a chuaigh trí intinn an tSeanchaí ag an bpointe sin.)

Chuir an tAturnae an chois go hurlár, thosaigh an carr mór dubh ag gnúsacht agus ag geonaíl agus ag sraothartach. Chuir sí scuaid siar uaithi mar a chuirfeadh bó a bheadh fágtha rófhada in *aftergrass*. (Nó sin é an rud a chuaigh trí intinn an tSeanchaí ag an bpointe sin).

Chas an tAturnae thart an carr, agus thug sé a haghaidh ar ais an treo a dtáinig sí as. Stop sé le taobh an tSeanchaí ar feadh ceathrú nóiméid. Bhí a chuid ama an-luachmhar.

"Do dhúshlán," ar seisean, "do dhúshlán duine uasal a thabhairt ormsa aríst."

"Á, bhuel, is deas a bheith múinte," a deir an Seanchaí.

D'imigh an carr mór dubh agus an tAturnae soir an bóthar. Mar ghadhar a mbeadh droch-chic faighte sa tóin aige. (Nó sin é a chuaigh trí intinn an tSeanchaí ag an bpointe sin.)

Chas an Seanchaí thart agus thug sé a aghaidh ar a theachín a bhí ar an ardán. É chomh giúmarach leis an diabhal, mar ba ghnách leis.

"Ó 'gus tógfaidh mé caisleán ar chnocáinín bán,
A bheas trí stór ar airde 'gus binn trína lár,
Cuirfidh mé cóta air de bharr glas an fhraoigh,
Is cead rince ar na bóithre le . . . "

Stop an Seanchaí go tobann, cheap sé . . . ach rinne sé gáirí beag ciúin, nach bhfaca aon duine, nár chuala aon duine, ach é féin.

Nóta buíochais

Gabhann an t-údar buíochas leis an Oireachtas as duaiseanna a bhronnadh ar "Aois na Céille", "An Peaca", "An tAdhlacóir", "Dúnta"; le Seán Ó Mainnín agus an nuachtán *Foinse* as duais a bhronnadh ar an scéal "An Brogús", a foilsíodh sa nuachtán agus ina dhiaidh sin sa leabhar *Nuascéalta* (Cló Iar-Chonnacht, 2005); le Cló Iar-Chonnacht agus an fhoireann ar fad as an spreagadh, misneach agus comhairle, agus as an saothar seo a thoiliú. Tá an t-údar buíoch freisin d'Ealaín na Gaeltachta a chuir maoiniú ar fáil faoin scéim sparánachtaí.